मैं ना भूलूंगा ...

संस्मरणात्मक साहित्यिक कृति

डा. राम सेवक

समर्पण है

परम साध्वी, तपस्विनी, ललित कला साधिका, सेवा की प्रतिमूर्ति, परम् पूज्य माता विटोला देवी जैसी अनन्य महान विभूतियों के श्री चरणों में, जिन्होंने परम पुनीत भारतीय संस्कृति के संरक्षण और संवर्धन में अपने को तिल-तिल जलाकर स्वयं का उत्सर्ग किया और राष्ट्र जीवन का पथ आलोकित किया।

डा. राम सेवक

क्रम-सूची

क्रम-सूची

प्रस्तावना

हिंदी गद्‌य की विधा में संस्मरण का बहुत महत्व है सकारात्मक दृष्टिकोण के अभाव में इसके सृजन की संकल्पना तक नहीं की जा सकती। संस्मरण साहित्य की प्रवृत्ति है। ऐसी साहित्यिक रचनाओं को संस्मरणात्मक निबंध कहा जाता है। संस्मरण में लेखक की भावभूमि, भाव-चेतना का स्तर तथा प्रदेय दिशा-दृष्टि का पावन संगम होता है। इतना ही नहीं तो उसकी संवेदना, मनोदशा एवं वैचारिक प्रतिबद्‌धता का निरूपण भी संस्मरण में परिलक्षित होता है।

हिंदी साहित्य-पटल पर अनेक संस्मरण लेखक आदर्श प्रतिमान के रूप में जाने जाते हैं। बालमुकुंद गुप्त द्‌वारा प्रताप नारायण मिश्र के जीवन पर आधारित संस्मरण सन 1907 में लिखा गया था। साहित्य में जिसे प्रथम संस्मरण के रूप में सम्मान दिया जाता है। कालांतर में गुप्त जी ने एक "हरिऔध के संस्मरण" नामक ग्रंथ की रचना की। "अनुमोदन का अंत" महावीर प्रसाद द्‌विवेदी, "जंगल के जीव" श्री राम शर्मा, "लाल तारा" रामवृक्ष बेनीपुरी, "अतीत के चलचित्र" महादेवी वर्मा, "तीस दिन: मालवीय जी के साथ" रामनरेश त्रिपाठी, "हमारे आराध्य" बनारसीदास चतुर्वेदी, "जिंदगी मुस्कुराई" कन्हैयालाल मिश्र प्रभाकर, "ये और वे" जैनेंद्र, "असहयोग के मेरे साथी" अश्क, "बट-पीपल " दिनकर जैसे संस्मरण लेखकों की सूची बहुत वृहदाकार है, इससे प्रमाणित होता है कि संस्मरण साहित्य की ऐसी अनुपम विधा है, जिसके द्‌वारा लेखक कथा शैली का उपयोग करते हुए अपने कथ्य का भावपूर्ण प्रस्तुतिकरण करते हैं ।

इस लघु ग्रंथ के सृजन में अनेक महानुभावों ने प्रेरणा प्रदान की है, उनके प्रति आभार प्रकट करना नैतिक कर्तव्य समझता हूं। पद्‌मश्री विजय जी शर्मा चंबा (हिमाचल), डा. बी. के. चंद्रसखी दिल्ली, श्री राजेंद्र सिंह बघेल नोएडा, डा. ऋषि सिंघल जयपुर, श्री नन्द नंदन गर्ग अहमदाबाद, डा. नरेंद्र सिंह सिसोदिया आगरा, डॉ. नटवर नागर मथुरा, श्री नीरज शास्त्री मथुरा, श्री दिनेश चंद्र पाठक मथुरा, डा. गोपाल प्रसाद चतुर्वेदी वृंदावन , श्री महेश चंद्र शर्मा आगरा, श्री गुकेश चंद्र पांडेय आगरा, डा. रविशरण सिंह बरेली जैसे मूर्धन्य विद्‌वानों ने समय-समय पर उत्साहित करके प्रेरित किया, जिसके कारण यह लघु ग्रन्थ इस स्वरूप में आपके समक्ष आ सका। मैं सभी के प्रति अपने विशुद्‌ध अंत: करण से कृतज्ञता, आभार एवं धन्यवाद प्रकट करता हूं।

डा. राम सेवक, विद्‌या वाचस्पति

भूमिका

साहित्यकार साहित्य का सृजन करने से पूर्व अपने भाव-जगत का परिमार्जन करता है। वह "सार-सार को गहि रहे थोथा देई उड़ाय" के सिद्धांत का अनुसरण करता हुआ आगे बढ़ता रहता है। भावी पीढ़ी को अनुभूत विचार-पाथेय धरोहर के रूप में प्रदान करने का प्रयास करता रहता है। हम जानते हैं कि भारतीय जीवनमूल्यों के बिना जीवन की कोई सार्थकता नहीं है, इनका बीजारोपण किसी न किसी तरह हर व्यक्ति के जीवन में करने का पुनीत उपक्रम सतत चलते रहना चाहिए।

संवेदनशील साहित्यकार इस दायित्व का निर्वहन संपूर्ण मनोभावों से अपनी लेखनी द्वारा करता है। प्रस्तुत ग्रंथ "मैं ना भूलूंगा...." पढ़ने से सेवा, संवेदना, त्याग, समर्पण, श्रद्धा-विश्वास जैसे अनेक सद्गुणों की उपादेयता सिद्ध होती है। डॉक्टर रामसेवक विद्यावाचस्पति ने अपने संस्मरणों में बड़ी कुशलता से भारतीय जीवनमूल्यों को संजोने का साथ प्रयास किया है।

"संतवाणी का प्रभाव" में वे लिखते हैं कि जहां कहीं भी जाओ तो वहां अपने अपने इष्ट और मित्र से बिना किसी काम के अवश्य मिलना चाहिए। निस्वार्थ भाव की महत्ता और प्रभाव यहां देखने को मिलता है।

"बाल संवेदना" में एक शिशु अपनी अध्यापिका (दीदी) से कहता है- "आप यह नीली साड़ी बहुत दिनों से पहन कर आ रही हैं। यह तो बहुत पुरानी हो गई है। मैं आपके लिए कल एक नई साड़ी ले आऊंगा।" एक शिशु की संवेदना पाठकों को सोचने के लिए विवश कर देती है।

"बालमन पूछता है" में सुनील मंगल पूछता है- "क्या आप मुझे राम बना दोगे?" निश्चय ही व्यक्ति निर्माण में लगे व्यक्तियों को यह प्रश्न सोचने के लिए विवश करता है।

"रहिमन पानी राखिए बिन पानी सब सून" जल संरक्षण के लिए जल का सदुपयोग करने का संदेश "जल संरक्षण और सुदर्शन जी" प्रसंग में अच्छे ढंग से बताया गया है कि भोजन करने वाले को ही कहना चाहिए- "आधा गिलास ही जल दीजिए। "देखने में आता है कि भोजन के समय भी लोग जल का दुरुपयोग करते हैं। यहां जल संरक्षण का संदेश काम्य है।

प्रस्तुत ग्रंथ में "फलीभूत आस्था" प्रसंग पाठकों के प्रति निश्चय ही आस्था पैदा करता है, इसमें एक मां अपने इष्ट से कहती है- "जब तक मेरी गोद में मेरा

पौत्र नहीं आएगा और मेरे बेटे को सरकारी नौकरी नहीं मिलेगी तब तक तेरे दरवाजे पर नहीं आऊंगी।" इस कठिन प्रतिज्ञा से मांग पूरी होने पर आस्था प्रगाढ़ हो जाती है। एक मां की पुत्र के लिए तपस्या, त्याग का भाव यहां पर परिलक्षित होता है।

"भारतीय परिवारों की तपस्विनी" संस्मरण में श्रीमती शर्मा कहती हैं- "नवरात्रि काल में अतिथि सेवा का अवसर मिलना मां की ही कृपा समझती हूं। अतिथि सेवा का अनुपम उदाहरण मातृशक्ति के प्रति सहज आदरांजलि हेतु प्रेरित करता है। नवरात्रि काल में मां की पूजा के साथ अतिथि सेवा का सात्विक भाव भारतीय नारी की महानता को स्थापित करता है।

संस्मरण "प्रेरक शिक्षका" में श्रीमती पुष्पा कहती हैं- "भैया! मैं एक जिम्मेदार शिक्षिका हूं। भले ही बारिश हो रही है पर ड्यूटी करना मेरा धर्म है। कठिन परिस्थितियों में भी एक अध्यापिका कर्तव्य और धर्म का पालन हिम्मत और सरलता से करती है, यह प्रेरणा की बात है।

ऐसे ही "अर्पण" में लेखक कहता है कि परिक्रमा से मुझे कुछ भी पुण्य प्राप्त हुआ हो तो वह मेरे माता-पिता को प्राप्त हो। समर्पण और त्याग का यह उदात्त भाव अत्यंत प्रेरक है।

इस प्रकार कहा जा सकता है कि "मैं ना भूलूंगा...." नामक साहित्यिक ग्रंथ लेखक की अद्‌भुत रचना है, जो सेवा, समर्पण, त्याग, संवेदना, पर्यावरण संरक्षण, मान बिंदुओं के प्रति आस्था और विश्वास जैसे अनेक सद्‌गुणों की उपादेयता को प्रतिपादित करता है।"मैं ना भूलूंगा...." ग्रंथ उत्कृष्ट साहित्यक रचना है, इसका सर्वत्र स्वागत होना चाहिए। मैं लेखक सृजन की सराहना करता हूं। यह ग्रन्थ व्यक्तिगत और संस्थागत रूप से उपयोगी सिद्‌ध होगा। लेखक को शुभ कार्य के लिए शुभकामनाएं और बधाई देता हूं।

डॉक्टर दिनेश चंद्र पाठक "शशि"
विद्‌युत इंजीनियरिंग एम. ए. (हिन्दी), पी-एच.डी
28 सारंग विहार, पोस्ट-रिफाइनरी नगर
मथुरा-281006

1

सन्त वाणी का प्रभाव

रानी महालक्ष्मी बाई सरस्वती विद्या मंदिर इंटर कॉलेज गुर्खा छावनी बरेली की मान्यता का प्रकरण लंबित था। सन् 2004 में जब मैं प्रधानाचार्य के नाते वहां पहुंचा, तो स्वाभाविक रूप से मुझे ही पहल करनी थी। अनेक निष्फल प्रयास किए। उस समय प्रबंधक श्री मुरारी लाल अग्रवाल और कार्यालय प्रमुख श्री संजीव शंखधार थे। मान्यता के लिए तीनों ही एक बार लखनऊ गए। मैंने श्री मुरारी लाल जी से कहा- "**श्री विजय कौशल जी महाराज का कथन है कि जहां कहीं भी जाओ, तो वहां अपने इष्ट और मित्र से बिना काम के भी अवश्य मिलना चाहिए।**" यहां आपके मित्र श्री राजेश अग्रवाल विधानसभा के उपाध्यक्ष हैं। अगर आपकी इच्छा हो तो मान्यता के सम्बंध में उनसे मिल लिया जाए।

श्री मुरारी लाल जी अग्रवाल ने कहा कि वे तो हमारे परम मित्र हैं। वह हमारी साइकिल पर पीछे बैठकर घूमा करते थे। शाखा में संग-संग खेलते थे। हम तीनों उनके घर पहुंचे। उन्होंने यथोचित स्वागत सत्कार किया। मैंने उनसे कहा कि जिस ज्ञान दीप को आपने प्रज्ज्वलित किया था ,वह बुझने जा रहा है। रानी महा लक्ष्मीबाई सरस्वती विद्या मंदिर को मान्यता अब तक आपके होते हुए नहीं मिली। लोग कह रहे हैं कि हम इसको बंद कराके रहेंगे, तो ऐसे ज्ञान दीप प्रज्ज्वलित करने से क्या लाभ? आप अगर सहयोग करें तो मानता मिल जाएगी। बहुत-सी बातें होती रहीं। वहीं बैठे किसी अन्य अधिकारी ने तुरंत किसी अधिकारी को फोन मिलाया और मान्यता की बात आगे बढ़ी। फिर क्या, कुछ ही दिनों बाद मान्यता बड़े ही सरल ढंग से प्राप्त हो गई।तब मुझे ध्यान में आया कि संतवाणी का प्रभाव कितना अधिक होता है। यह प्रसंग मैं बार बार अपने बंधुओं को सुनाकर कहता हूं कि संत वाणी व्यवहार में लाने से अपरिमित लाभ होता है।...

2

बाल-संवेदना

बात सन 1995 की है। सरस्वती शिशु मंदिर शिवपुरी बुलंदशहर में श्रीमती इंद्रावती जैन कक्षा शिशु की कक्षाचार्या थीं। बच्चे उन्हें बहुत प्यार करते थे। वह भी बच्चों को मां की तरह प्यार करती थीं। बच्चों के साथ उनका बात करने ढंग निराला था। उनकी शिक्षण शैली बाल केंद्रित एवं क्रिया आधारित होने के कारण बहुत प्रभावी थीं।

एक दिन श्रीमती इंद्रवती जैन एक शिशु के साथ हमारे ऑफिस में आकर बोलीं- "प्रधानाचार्य जी! इस बच्चे को देखिए कितना भोला है! कितना अच्छा है!! कितना संवेदनशील है!!! कितना भावुक है!!! मैंने कहा कि क्या हुआ ? श्रीमती इंद्रवती जैन ने कहा "भाईसाहब! दीपावली की छुट्टियों के बाद आज मैं जब कक्षा में पढ़ा रही थी, तो यह बालक टकटकी लगाकर मुझे लगातार निहार रहा था। मैंने इससे पूछा- "भैया जी! क्या देख रहे हो?" तो उसने कहा- " दीदी जी! एक बात पूछूं? मैंने कहा हां हां पूछो। क्या बात है? तो इसने कहा कि दीपावली पर मेरे पापा मेरे लिए बहुत-सी फूलझड़ी, चरखी, अनार और पटाखे लाए थे। मैंने उनको मम्मी, पापा, भैया और बहन के साथ खूब चलाया। मुझे बहुत अच्छा लगा। दीदी मेरे पापा मेरे लिए नए नए कपड़े भी लाए। मेरे गाजियाबाद वाले बड़े भैया मेरे लिए खिलौना लाए। मेरे चाचा भी मेरे लिए नए नए कपड़े लाए तो बहुत अच्छा लगा।

श्रीमती जैन ने अपनी बात बढ़ाते हुए कहा कि इस बच्चे ने मुझसे पूछा कि दीदी! आपने भी पटाखे चलाए थे? आपने चरखी चलाई। चरखी चलाने में मुझे बहुत डर लगता है। आपको भी डर लगता है? इस प्रकार की बातें होती रही और भी बच्चे धीरे-धीरे अपनी बात कहने लगे ।

प्रधानाचार्य जी! अंत में यह बालक बहुत गंभीर होकर बोला कि दीदी! आपके पास एक ही साड़ी है? आप यह नीली साड़ी बहुत दिनों से पहन कर आ रही हैं। यह तो बहुत पुरानी हो गई है। मैं आपके लिए कल एक नई साड़ी ले आऊंगा। मेरी मम्मी के पास तो बहुत-सी रंग बिरंगी साड़ी हैं। यह सुनकर मैंने कहा बेटा तुम बहुत अच्छे हो। मेरे पास भी बहुत साड़ी हैं, पर मैं तुम्हारी दीदी हूं ना। जैसे तुम्हारा स्कूल वेश है न वैसे ही हमारा भी वेश है। तो उसने कहा- अच्छा दीदी तो आपका ये वेश है। इतना कहकर फिर ये शांत हो गया। ये सब सुनकर मैं अचंभित था, स्तब्ध था, आश्चर्यचकित था। मैंने उस देव पुत्र को दो विस्किट खिलाए। उसकी भाव-भावना को नमन किया।

देखने में छोटा-सा बच्चा कितनी गहराई से अपनी दीदी के बारे में सोच सकता है इसका अर्थ है उसमें संवेदना, सहयोग एवं सेवा का पवित्र भाव विद्‌यमान है। वास्तव में इस प्रकार के मानवीय गुण बच्चों के अन्तः करण में सुसुप्त होते हैं। हमें तो केवल उनको एक सुंदर वातावरण देकर गुणों को उजागर करना है, उनका प्रकटीकरण करना है। यही बात श्री राम तीर्थ जी ने कही थी कि बच्चों के अंदर सुसुप्त गुणों का प्रकट करना ही शिक्षा है। ...

3

आचरण की शिक्षा लाती हृदय में परिवर्तन

बात सन 2003 की है। मैं उन दिनों शिशु शिक्षा समिति ब्रज प्रदेश आगरा संभाग का संभाग निरीक्षक था। संघ के वरिष्ठ प्रचारक श्री जय गोपाल जी एक बार सरस्वती शिशु मंदिर सुभाष पार्क आगरा में प्रधानाचार्यों की बृहद बैठक में विद्या भारती के संरक्षक के नाते मार्गदर्शन करने हेतु पधारे। सभागार खचाखच भरा हुआ था। पीछे के गेट से श्री जय गोपाल जी मंच पर पधारे। उन्होंने अपना पद वेश मंच के किनारे ही उतार दिया था। दीप-प्रज्ज्वलन, वंदना, परिचय एवं प्रस्ताविकी के बाद "सर्वांगीण बाल-विकास में प्रधानाचार्य को भूमिका" विषय पर संबोधन करने के उपरांत जब वह वहां से सभागार में होकर अतिथि कक्ष के लिए जाने लगे तब वे अपना पदवेश अपने बाएं हाथ में पकड़े हुए थे। प्रधानाचार्य तथा अन्य बंधु यह देखकर अचंभित, स्तब्ध और निशब्द थे। सभी उनको टकटकी लगा कर निहार रहे थे। प्रथम मिलन था। अत: सभी हैरान भी थे कि ये क्या हुआ!

मैनें उनसे हाथ जोड़ कर निवेदन किया कि आप पदवेश पहन लीजिए, तो उन्होंने कहा कि नहीं। मुझसे गलती हुई है, इसके लिए में क्षमा प्रार्थी हूं। अभी मैं विद्या भारती में नया नया आया हूं। बहुत-सी रीति-नीति, परंपरा सीखने का प्रयास कर रहा हूं। मुझे अपना पद वेश सभागार से बाहर ही उतारना चाहिए था, परंतु मुझे किसी ने बताया नहीं इस कारण मुझसे भूल हुई है।

उनके यह विचार सुनकर मैं ठगा-सा अनुभव कर रहा था। मैं मन ही मन सोच रहा था कि हमारी संस्कृति कदाचित ऐसे ही महापुरुषों के अनुकरणीय व्यवहार के कारण समृद्ध, सुरक्षित और वंदनीय है। उस समय उनकी आयु लगभग 75 वर्ष

होगी। इतने वरिष्ठ प्रचारक के जीवन से सीखा गया पाठ आज भी मानस पटल पर अंकित है, व्यवहार में भी है। रह रह कर बातें याद आती हैं-"**आचरण की शिक्षा ही हृदय में परिवर्तन लाती है।**"

प्रायः देखने में आता है कि हर जगह हर व्यक्ति में प्रवचन या उपदेश देने का स्वभाव बन गया है। यदि प्रवचन और उपदेश से ही समाज में परिवर्तन होता तो आज सर्वत्र स्वर्ग-सा दिखाई देता। जो लोग ज्ञान को व्यवहार में नहीं ला रहे, उनका ज्ञान किसी भी तरह से लाभदायक सिद्ध नहीं हो रहा, क्योंकि उनकी कथनी और करनी में बहुत अंतर दिखाई देता है। इसीलिए लोग कह भी देते हैं कि पर उपदेश कुशल बहुतेरे। यह बात बड़े ही अनुभव के आधार पर कभी कही गई होगी। इसलिए यह निश्चित है कि व्यवहार को सर्वश्रेष्ठ बनाने का उपक्रम होना चाहिए। परिवार, विद्यालय अथवा समाज कहीं भी एक अच्छे व्यवहार की आवश्यकता पड़ती है । अच्छा व्यवहार अन्य कहीं से नहीं बल्कि परिवार और विद्यालय से ही सीखा जा सकता है। हमारा कर्तव्य है कि हम सब मिलकर अपने परिवार और विद्यालय के वातावरण को ठीक करें। मठ, मंदिर और गुरुद्वारे भी हमारे स्वभाव का परिमार्जन करते हैं।...

4

सम्राट अशोक और कुर्सी

सन् 1998 की बात है। सरस्वती शिशु मंदिर दनकौर (बुलंदशहर) में संकुल स्तरीय एकांकी एवम् लोक नृत्य प्रतियोगिता का आयोजन किया गया था। उस समय वहां श्री नरेश चंद्र यादव प्रधानाचार्य थे। श्री कौशल किशोर जी पांडेय संकुल प्रमुख थे। हर वर्ष वहां प्रतियोगिता का आयोजन होता था। संकुल के सभी प्रतिभागियों का घोष के साथ प्रभावी संचलन भी निकलता था। अभिभावकों, समिति व बच्चों का अद्भुत उत्साह कार्यक्रम की सफलता के लिए सहायक होता था। उद्देश्य था- दनकौर के विद्यालय का समग्र विकास।

शाम को रंगमंचीय कार्यक्रम का शुभारंभ हुआ। पंडाल में दर्शकों की अपार भीड़ आयोजक मंडल के लिए उत्प्रेरक का काम कर रही थी। वन्दना,अतिथि परिचय एवम् स्वागत के बाद उद्घोषक ने अपनी मखमली आवाज में घोषणा कि प्रस्तुत है आपके समक्ष एकांकी सम्राट अशोक। बस थोड़ी ही पल में पर्दा खुला। एक बालक सम्राट अशोक की भूमिका में मंच पर उपस्थित हुआ। लोगों ने करतल ध्वनि से उस का जोरदार स्वागत किया। सम्राट अशोक ने मंच के दो चक्कर दाएं से बाएं और बाएं से दाएं लगाए और मंच पर रखी एक सादा कुर्सी पर आकर बैठ गया। अन्य पात्र भी आए। एकांकी के सभी बाल कलाकारों ने सजीव एवम् प्रभावोत्पादक भूमिका का निर्वहन किया। पूरा पंडाल सम्राट अशोक की जय जयकार से गूंज रहा था।

परदा गिरते ही एक पगड़ी बांधे एक बुजुर्ग मंच पर आकर बहुत दुखी होकर कहने लगे। "अरे ! मेरे होते हुए आप लोगों ने चक्रवर्ती सम्राट का अपमान किया है। आप लोग मुझे सेवा का अवसर देते। मैं सम्राट अशोक के लिए सिंहासन लाकर देता। आपने सम्राट को लकड़ी की सादा कुर्सी वो भी बच्चों की, पर बैठा दिया।"

दनकौर की रामलीला कमेटी में सभी प्रकार की पोशाकें हैं। आपको जैसा सिंहासन चाहिए था मिल जाता। परंतु आपने कोई प्रयास नहीं किया। बड़े दुख की बात है।"

मैंने क्षमा मांगते हुए बुजुर्ग से कुछ कहना चाहा परंतु उन्होंने कहा- "नहीं आचार्य जी!

क्षमा मांगना आपको शोभा नहीं देता। आप तो आचार्य हैं। मैंने तो अपने मन की पीड़ा आपसे कही है। भविष्य में आप मुझे जरूर अपना समझकर याद करना, पर ऐसी गलती कभी न करना।

ऐतिहासिक अथवा धार्मिक महापुरुषों या वीरांगनाओं के पात्रों को हमेशा उनके व्यक्तित्व के अनुसार उचित स्थान पर उचित ढंग से बैठाने की व्यवस्था करनी चाहिए, तभी नाटक का दर्शकों पर प्रभाव पड़ेगा अन्यथा एकांकी/नाटक केवल दिखावा मात्र रहेगा।

मैं उनकी वेदना को समझ कर अपने अंदर झांक रहा था कि कहां गलती हुई? वास्तव में इस प्रकार के ऐतिहासिक या धार्मिक नाटकों/ एकांकी में पात्र की वेशभूषा, कथोपकथन, उपकरण, दृश्य विधान, ध्वनि, केश सज्जा आदि आदि काल खंड को ध्यान में रखकर करना चाहिए। इससे अभिनय में जीवंतता पैदा होती है। अनुभव में आया कि महा पुरुषों के प्रति सामान्य व्यक्ति में भी कितनी श्रद्धा है! यह श्रद्धा अखंड बनी रहे, यह कलासाधकों का दायित्व है। अभिनय मंचन से पूर्व अनेक बार पूर्वाभ्यास होना आवश्यक है।....

5

पदधति से खिलवाड़ होगी आत्मघाती

आचार्य प्रशिक्षण विद्यालय निरालानागर लखनऊ में सन् 2000 के लगभग "पाठ्यक्रम निर्माण कार्यशाला" का आयोजन किया गया था। सम्पूर्ण पश्चिम उ. प्र. (उत्तराखंड सहित) के अपेक्षित प्रधानाचार्य एवम् आचार्य उपस्थित थे । वन्दना सत्र में शिशु शिक्षा प्रबंध समिति उत्तर प्रदेश के पूर्व मंत्री श्री राणा प्रताप सिंह सौभाग्य से उपस्थित थे। मां सरस्वती की वंदना के उपरांत भारतीय शिक्षा परिषद उ. प्र. के तत्कालीन सचिव श्री संपत सिंह जी ने उनसे आग्रह किया कि वह प्रतिभागियों का मार्गदर्शन करने का कष्ट करें। श्री राणा प्रताप सिंह जी ने सभी से व्यक्तिगत परिचय किया। कुशल क्षेम पूछी। फिर भारी मन से बड़े ही सहज ढंग से कहा कि बंधुओं मार्गदर्शन के लिए अब कुछ शेष नहीं है, क्योंकि मां सरस्वती की वंदना के उपरांत प्रार्थना ही नहीं हुई, तो फिर मार्गदर्शन की आवश्यकता लगती नहीं है।

उन्होंने कहा कि **सरस्वती मां की प्रार्थना में साहस, शील, त्याग, तप, संयम, सत्य, स्नेह, स्वाभिमान जैसे गुण मांगे गए हैं। हर मानव के जीवन में इन गुणों को उपादेयता सर्वकालिक है।** सीता, सावित्री, दुर्गा, जैसी सती-साध्वी देवियों और लव, कुश, ध्रुव, प्रहलाद जैसे भक्त बालको की आवश्यकता भी हर समय रहेगी। प्रार्थना में यदि हम यह नहीं मांगेंगे तो हमारा अनुष्ठान पूरा कैसे होगा? यह हम सब भूलते जा रहे हैं। इसलिए मैं कुछ बोलने की स्थिति में नहीं हूं। श्रोताओं ने जब इतना सुना तो सब पानी पानी हो गए। सभी प्रतिभागी आयोजक अधिकारी बहुत ही चिंतित हुए, उनके पास कुछ कहने का साहस नहीं था।

वास्तव में जो प्रार्थना 'हे हंस वाहिनी ज्ञान दायिनी' आज सम्पूर्ण देश में बोली जाती है, वह बड़े चिंतन व मनन के उपरांत कठिन परिश्रम से उद्देश्य निर्धारण करके लिखवाई गई थी। उसको स्वर तथा प्रभावी लय बनाकर प्रचलन में लाया गया। आज वही प्रार्थना समय अभाव का बहाना बनाकर छोड़ दी जाती है और केवल संस्कृत के 2 श्लोक बोलकर वंदना करने की औपचारिकता पूरी कर ली जाती है। निश्चय ही श्री राणा प्रताप सिंह जी की वेदना हमारी संवेदना बननी चाहिए। मैं भी अनेक बार समय समय पर इस दृष्टि से आग्रह कर चुका हूं। वन्दना के प्रति हमारी छेड़ छाड़ पद्धति के प्रति आत्मघाती कदम सिद्ध हो सकती है। महान चिंतक दत्तोपंतठेंगड़ी ने कदाचित इसीलिए कहा था- **छोटा रास्ता आपको छोटा कर देगा।....**

6

एक सीख, जो व्यवहार बनी।

डीएवी इंटर कॉलेज बुलंदशहर में राष्ट्रीय स्वयसेवक संघ के दायित्ववान कार्यकर्ताओं का जिला स्तरीय शीत शिविर था । तत्कालीन अखिल भारतीय सह बौद्धिक प्रमुख श्री कौशल जी का प्रवास था। सामूहिक बैठक में सभी कार्यकर्ता उपस्थित थे। सामूहिक गीत बोला जा रहा था। सीटी का संकेत हुआ। सभी स्वयसेवक अधिकारी आगमन पर एक साथ खड़े हुए और फिर संकेत होने पर यथावत बैठ गए। अधिकारी परिचय के उपरांत कार्यकर्ताओं का परिचय प्रारंभ हुआ। जब "डॉ. अजय कुमार गोयल प्राध्यापक कोमर्स विभाग आई. पी.कालेज नगर कार्यवाह बुलंद शहर" ने अपना परिचय दिया तो उनसे कहा गया कि आप दक्ष में खड़े रहें और पुन: परिचय दीजिए। डॉ. अजय जी ने उक्त परिचय दिया।

अधिकारी ने टोकते हुए कहा- "आप कोमर्स विभाग परिचय से हटाकर बोलिए।" उन्होंने ऐसा ही किया। अधिकारी जी ने पुन:कहा "वैतनिक व्यक्ति कर्मचारी होता है। तो आप प्राध्यापक न बोलकर कर्मचारी बोलें"। फिर डॉ. अजय जी ने निर्देशानुसार परिचय दिया। सभी स्वयंसेवक भी इस पाठ को सीख रहे थे। अधिकारी जी ने आगे कहा कि कुमार शब्द न बोलने से भी काम चलेगा। अब परिचय दीजिए। डॉ. अजय जी ने फिर परिचय दिया- डॉ. अजय कर्मचारी आईपी कॉलेज बुलंदशहर। अधिकारी जी ने अंतिम बार टोकते हुए कहा-"भैया, यह डॉ. की उपाधि आपका आभूषण है इसे स्वयं ही क्यों बखान कर रहे? इसे भी हटाकर परिचय देना चाहिए। कार्यकर्ता को पद, उपाधि, जाति आदि से निर्मोह रहकर समाज का कार्य करना है। अब परिचय दीजिए।" डॉ. अजय जी दक्ष में खड़े

थे। पाठ पूरा हुआ। उन्होंने अपना परिचय दिया- "अजय कर्मचारी आईपी कालेज बुलंदशहर नगर कार्यवाह।"
इस परिचय को सुनकर सभी कार्यकर्ता आनंदित थे। ऐसा प्रतीत हो रहा था कि बहुत ही कठिन पाठ बड़े ही सरल ढंग से व्यवहार में उतार दिया। डॉ. अजय जी कालांतर में उसी विद्यालय के प्राचार्य बने। आज भी परिचय में केवल अजय ही बोलते हैं। उनका मुस्कुराता चेहरा और सद्व्यवहार आज भी प्रेरणा देता है।....

7

बच्चों ने सिखाया पाठ

प्रातः वंदना के उपरांत प्रथम वेला का संकेत हुआ। सभी आचार्य नित्य की भांति अपनी-अपनी कक्षाओं में चले गए। सभी कक्षाओं की उपस्थिति पंजी आधे घंटे में मेरे पास अवलोकनार्थ आ गईं। मैं उनका अवलोकन करके अनुपस्थित बच्चों की संख्या अंकित कर रहा था, तभी द्वितीय बेला का संकेत हुआ और धवल दूधिया धोती-कुर्ता व काली चप्पल पहने शामली सूरत के एक युवा ने हमारे कार्यालय में प्रवेश किया। परिचय के उपरांत उन्होंने शिशु शिक्षा समिति ब्रज प्रदेश के प्रदेश निरीक्षक महोदय द्वारा हस्ताक्षरित चयन पत्र मेरे हाथ में देखे हुए कहा- "प्रधानाचार्य जी! मैं वेद प्रकाश आपकी सेवा में आचार्य पद पर सेवार्थ उपस्थित हूं।" इतना कहकर उन्होंने अपने शैक्षिक अभिलेख, जीवन वृत्त प्रार्थना पत्र सहित प्रस्तुत किए। उनको जब चाय का आग्रह किया तो बोले नहीं कुछ पीरियड पढ़ाने के बाद चाय पिएंगे। अभी चाय का समय भी नहीं है। मैंने उन्हें वार्ता में कुछ रीति-नीति की जानकारी देकर अपना कर्तव्य निभाया।

मैंने प्रथम सहयोगी श्री मान सिंह राठौर (सम्प्रति-प्रधानाचार्य, सरस्वती शिशु मंदिर दीनदयाल नगर मथुरा) से वेद प्रकाश जी को समय सारिणी उपलब्ध कराने को कहा। वेद प्रकाश जी समय सारिणी के अनुसार कक्षा प्रथम में गणित शिक्षण के लिए बड़े उत्साह से जा रहे थे। मैं उन्हें अपलक तब तक निहारता रहा जब तक वे कक्षा में नहीं पहुंच गए। आज मैं सोच कर धन्यता की अनुभूति कर रहा था कि मेरे विद्यालय में भी अब एम. एस सी. (मैथ्स) बी.एड आचार्य से बच्चे पढ़ेंगे। मैं अन्य कार्यों में व्यस्त हो गया।

कुछ समय पश्चात द्वितीय वेला समाप्ति का संकेत हुआ। थोड़ी ही देर में वेद प्रकाश जी हमारे कार्यालय में आकर नि:शब्द खड़े हो गए। उनके चेहरे पर मुस्कान

की जगह चॉक की सफेद धूल मुस्कुरा कर उनकी की मनोदशा का बखान कर रही थी। तभी कर्मचारी जल लाया। जल पीकर उन्होंने लंबी गहरी सांस ली। अपना चेहरा पोंछते हुए वेद प्रकाश जी बोले- "प्रधानाचार्य जी! मैंने प्रथम कक्षा में जोड़ पढ़ाने के लिए श्याम पट पर 112 की संख्या लिखी। उसके नीचे 015 की संख्या लिखी। मैंने जोड़ना शुरू किया तभी एक बच्चा खड़े होकर कहने लगा- "आचार्य जी! आचार्य जी!! पहले जोड़ का चिन्ह तो लगाओ। बिना चिन्ह के जोड़ कैसे हो जाएगा? "मैंने 012 के सामने + का चिन्ह लगा दिया। फिर मैंने कहा कि देखो दो और पांच सात। तभी दूसरा बालक खड़े होकर बोला- "आचार्य जी! आपने मुझे खड़ा नहीं किया। पहले मुझे खड़ा करो फिर मैं बोर्ड पर दो और उसके नीचे पांच लाइन खीचूंगा। तब आप मुझसे लाइनें गिनवाना। फिर मैं गिनकर बताऊंगा तब आप लिखना। अब मैं कुछ परेशान-सा हुआ। तभी तीसरा बच्चा खड़ा होकर ज़ोर से बोला- "भैया बैठ जाओ। ये आचार्य जी आज ही आए हैं। सब समझ जाएंगे. नए हैं।"

वेद प्रकाश जी ने लंबी सांस लेकर कहा- "**प्रधानाचार्य जी! मुझे अपने पर बहुत घमंड था। थ्रू आउट फर्स्ट क्लास रहा, पर आज तो मेरा सारा घमंड चकनाचूर हो गया। आज मेरी समझ में आ गया कि शिक्षा सीखने और सिखाने की प्रक्रिया है। कोई शिक्षक यों ही डॉ. राधाकृष्णन नहीं बन जाता। शिक्षक को बिना तैयारी किए शिक्षण नहीं करना चाहिए।** वास्तव में शिक्षण एक कला है। पहले मुझे बच्चों को समझना था लेकिन मैं चूक गया । आप मुझे क्षमा करें। मैं उन नन्हें गुरुओं को प्रणाम करता हूं।" इतने में चाय आ गई थी। उससे भी निपटना ही था तो फिर ...।

8

बालमन पूछता है

1984 के नवम्बर माह की बात है। बजाज राष्ट्रीय इंटर कॉलेज फतेहपुर सीकरी के प्रांगण में राष्ट्रीय स्वयंसेवक संघ की सायं शाखा लगी थी। बहुत ही सुन्दर मनोहारी वातावरण था। खेल, गण समता, संचलन,सूर्य नमस्कार के उपरांत मंडल में बैठकर गण गीत हुआ। श्री सुरेश जी तहसील प्रचारक ने बोध कथा सुनाकर एकता के महत्व पर बल दिया। मैंने कुछ स्वयंसेवकों से विकिर के बाद वार्ता की।

सुनील कुमार मंगल एक बाल स्वयंसेवक जिसके घुंघराले बाल थे। गेहुआं रंग था। बहुत ही हंसमुख और समझदार था। मैंने उससे- "कहा कि तुम सूर्य नमस्कार बहुत अच्छा लगाते हो। गीत भी अच्छा गाते हो। पढ़ने में भी बहुत अच्छे हो। यह अच्छाइयां तुम्हारी बढ़ती रहें, इसके लिए सतत प्रयास करते रहो

स्थानीय तहसील प्रचारक श्री सुरेश जी और मैं सुनील मंगल के घर पर संपर्क में कभी कभी जाते रहते थे। उसके घर का वातावरण भी सही था। माता-पिता का व्यवहार सरल और सौम्य था। उनका प्रभाव बच्चों पर भी पड़ना स्वाभाविक ही था।

मैंने सुनील मंगल से कहा- **"तुम्हारे गुणों को देखकर मैं बहुत प्रसन्न और प्रभावित हूं। देश को अच्छे बच्चों की आवश्यकता है। क्या तुम राम बनोगे? " इतना सुनकर सुनील मंगल ने मुस्कुराहट के साथ मेरी आंखों में आंख डालकर कहा " हां। पर क्या आप मुझे राम बना देंगे ? "**

यह सुनकर मैं नीचे से ऊपर तक अंदर ही अंदर हिल गया था। मैं कुछ देर सोचता रहा कि प्रश्न गलत है या उत्तर गलत है। प्रश्न अन्दर ही अंदर खलबली मचाता रहा। समय बीतता गया ।

30 जून 1986 को मैंने फतेहपुर सीकरी छोड़ दी थी। मैं उस बालमन का उत्तर खोजता रहा, खोजता रहता। फिर भूल गया। याद रह गई तो केवल नून, तेल, लकड़ी ....

1990 के लगभग मेरे नाम एक अंतर्देशीय पत्र आया। प्रेषक का नाम पढ़ा- सुनील मंगल फतेहपुर सीकरी। बहुत प्रसन्नता हुई। पत्र खोल कर पढ़ा। मैं अपनी प्रशंसा के अनेक शब्द पढ़ कर सोचने लगा कि सचमुच मैं महान हूं। अंत में लिखा था- "आचार्य जी! आपने मेरे प्रश्न का उत्तर नहीं दिया। शायद भूल गए होंगे। कोई बात नहीं।

प्रश्न है "क्या आप मुझे राम बना देंगे?"और प्रश्न पढ़कर मैं अतीत में चला गया ।

9

जल संरक्षण और सुदर्शन जी

राष्ट्रीय स्वयंसेवक के पंचम परम पूज्य सरसंघचालक स्व. कुप्पा हेली सीतारमैया सुदर्शन विलक्षण बौद्धिक प्रतिभा के धनी थे। वह जितने विद्वान थे, उतने ही सरल भी थे। फिरोजाबाद में जब उनका प्रवास हुआ, तो कार्यकर्ता बैठक में उन्होंने दक्ष की स्थिति पर बहुत चिंता व्यक्त की और मार्गदर्शन किया। वे कहते थे कि कार्यकर्ता को दक्ष की स्थिति में अपने को अविचल खड़े रखने का सामर्थ्य विकसित करना चाहिए आज कदाचित दक्ष की अवहेलना हो रही है।

पूज्य सुदर्शन जी ने हमें एक संदेश दिया था कि जल को व्यर्थ में न बहाया जाए। भोजन के समय भी आधा गिलास पानी ही वितरित किया जाना चाहिए। वितरित करने वाला नहीं जानता है तो भोजन करने वाले को कहना चाहिए- "आधा गिलास ही जल दीजिए।" उनकी दृष्टि दूरगामी थी। वे बार-बार कहते थे कि जल को कौन बचाएगा? स्वयंसेवकों को ही इसके लिए आगे आना होगा। ज्ञान व्यवहार में जब आता है तो जीवन में आनंद आता है। मैं एक बार शंकर आश्रम संघ कार्यालय मेरठ में गया। रात्रि के लगभग 11:00 बजे थे। मुझे श्री बादाम सिंह जी प्रचारक ने भोजन कराया। मैंने जल मांगा तो वहां के कार्यकर्ता ने मुझे आधा गिलास जल दिया। मैंने आधा गिलास जल उपयोग किया तो वह मुझे गंगा जल-सा प्रभावशाली लगा। आज भी मुझे वह दिन याद है। पूजनीय सरसंघचालक जी का यह संदेश तो व्यवहार में आ गया परन्तु वे बार-बार याद आते हैं। कदाचित जीवन पर्यंत उनका संदेश हमारे व्यवहार में बना रहेगा।

आज आवश्यकता है कि जल संरक्षण का उनका यह संदेश हम सभी मानवता के हित को ध्यान में रखकर अपने व्यवहार में लाएं।.....

10

फलीभूत आस्था

श्री ओम प्रकाश गोस्वामी सहायक आचार्य सरस्वती शिशु मंदिर अतरौली के पास 1986 तक तीन बेटियां थीं। उस समय तक उनके पास कोई बेटा नहीं था। श्री ओम प्रकाश गोस्वामी की माताजी यह सोचकर बहुत विचलित रहती थीं कि न जाने कब मेरी गोद में मेरा पौत्र आयेगा! और न जाने कब मेरी पौत्री भी रक्षा बंधन पर अपने वीरन को राखी बांध कर उसकी आरती उतार पाएंगी। पौत्री तो एक दिन रुला कर अपने घर चली जाएंगी, इसलिए .....

माता जी की एक चिंता और थी कि न जाने मेरे बेटे को सरकारी नौकरी कब मिलेगी! मिलेगी या नहीं भी मिलेगी कोई भरोसा नहीं।

अल्प वेतन में कैसे उसके जीवन की गाड़ी चलेगी? मेरा बेटा तो एमकॉम B.Ed है। बहुत परिश्रमी है। वह जहां भी रहेगा ठीक रहेगा लेकिन सरकारी नौकरी मिले तो ठीक है।एक दिन माता जी ने अपने लाड़ले के लिए कठोर प्रतिज्ञा कर ली कि हे प्रभु! सुन लो। **आज मैं तुझ से कहती हूं कि जब तक मेरी गोद में मेरा पौत्र नहीं आयेगा और मेरे बेटे की सरकारी नौकरी नहीं लगेगी तब तक तेरे दरवाजे पर नहीं आऊंगी।** यह मेरी मेरी हठधर्मिता है। मेरी प्रतिज्ञा है। तुझे मालूम है कि तेरे मंदिर में मैंने तेरे लिए नाचना भी उसी दिन छोड़ दिया था जब तेरे रहते मेरे ओम प्रकाश का हाथ थ्रेसर से कट गया था।

यह संकल्प लेकर वह मन ही मन बिना मंदिर जाए नित्य पूजा, अर्चना, वंदना और प्रार्थना करती रहीं। याची और दाता, भक्त और भगवान, आस्था और अनास्था, भक्ति और शक्ति में संघर्ष चलता रहा। दिन, सप्ताह, पक्ष, महीने, वर्ष बीत गए ।

अंत में भक्ति की विजय हुई। श्री ओम प्रकाश जी गोस्वामी की पत्नी श्रीमती कंचन ने कंचन जैसे पुत्र को 1997 में जन्म दिया। उनकी सासु मां की कामना पूरी हुई। वह पौत्र के लालन-पालन में अपनी दूसरी मांग को भूल बैठी। लेकिन दाता स्वयं भगवान हों तो फिर कामना शेष कैसे रह सकती?

कुछ समय बाद 1999 में श्री ओम प्रकाश जी गोस्वामी का चयन बेसिक शिक्षा परिषद में हो गया। अब तो माता जी मंदिर में नित्य जाकर श्री हरि भजन करने लगीं। **उनकी प्रतिज्ञा, पूजा, अर्चना, वन्दना और प्रार्थना अविचल आस्था के कारण पूर्ण हो चुकी थी।**

ओम प्रकाश जी गोस्वामी की सभी बेटियां सौभाग्य से बेसिक शिक्षा परिषद् में अध्यापिका हो गईं। बेटा इंजीनियर है । वे अब जूनियर पाठशाला में कार्यवाहक प्रधानाध्यापक हैं।

श्री ओम प्रकाश जी और श्रीमती कंचन उनकी धर्मपत्नी अत्यंत विनम्र स्वभाव के हैं। जहां कहीं भी श्री हरि कथा या श्री हरि संकीर्तन होता है वह नंगे पैर दौड़ कर उस में भाग लेते हैं। संकीर्तन की गंगा में डूबते हैं, तैरते हैं एवं आनंदित होते हैं। वे आज भी आनंदित हैं, उनका जीवन धन्य है, उनकी माता धन्य हैं। सभी को प्रणाम करता हूं।...

11

सम्यक वाणी-व्यवहार और तीर्थ क्षेत्र

श्री गिर्राज जी की तलहटी में गोवर्धन स्थित सरस्वती विद्या मंदिर में भारतीय शिक्षा समिति ब्रज प्रदेश का "प्रांतीय प्रधानाचार्य" सम्मेलन था। प्रधानाचार्य बंधुओं की विशेष इच्छा और आग्रह को ध्यान में रखकर अधिकारी वर्ग ने उन्हें देव दर्शन की अनुमति दे दी। स्थानीय प्रधानाचार्य श्री महेश चंद शर्मा एवं श्री रामनिवास राजपूत प्रतिभागी प्रधानाचार्य के नेतृत्व में सभी बंधु दर्शन हेतु चल दिए। श्री गिर्राज महाराज की जय जयकार कर मंदिर की ओर उत्साहित होकर चले जा रहे थे

धीरे धीरे जैसे ही चढ़ाई पर चढ़ने लगे वैसे ही एक आवाज आई- "भैया! संभल कर चलना ये पत्थर तो बहुत चिकने हैं। फिसल मत जाना।" कुछ ऊपर बढ़े ही थे कि फिर आवाज आयी- "अरे! ये पत्थर तो बहुत नुकीले हैं। ये तो पैरों में चुभ रहे हैं।"

वहीं हमारी यह बातें एक बालक खड़े होकर सुन रहा था। वह बहुत दुखी होकर बोला- "आप लोग कहां से आए हैं? यह पत्थर नहीं हैं। ये साक्षात श्री गिरिराज जी महाराज भगवान का स्वरूप हैं। आप इनको पत्थर कह रहे हैं। आपको बोलना नहीं आता है। आप ऐसा मत बोलिए।" इतना कहकर उस बालक ने अपने कानों में अंगुली डाल ली थी।

धीरे धीरे उस बालक की बात का ध्यान ना देते हुए सभी प्रधानाचार्य आगे बढ़ गए। मैंने उस बालक से क्षमा मांगी और कहा- "यह सभी दर्शनार्थी बाहर से आए हैं ,इन्हें श्री गिरिराज जी की सामर्थ्य उनके महत्व का पता नहीं है। आप इन्हें क्षमा

करने का कष्ट करें।

जब ऊपर पहुंचे, तो दर्शन की लालसा के कारण बार-बार कहने पर भी पंक्ति तोड़कर प्रधानाचार्य बंधु मंदिर के अंदर जा रहे थे। अंदर एक छोटी-सी बालिका बैठी थी। वह बार-बार कह रही थे- "आप लोग पंक्ति में दर्शन कीजिए। अरे ! आप यह बेल्ट बांध करके क्यों अंदर आए? बेल्ट को उतार देना चाहिए था। मैं उसकी बातों को सुन कर अन्दर से उतना ही दुखी था जितना वह दुखी थी। श्री राम निवास जी ने सभी को पंक्ति में लगाया उसके उपरांत सभी ने क्रमश: दर्शन किए। निश्चय ही वह बालिका हमारे व्यवहार से कदाचित दुखी थी।

दर्शन के पश्चात सभी प्रधानाचार्य वापस चले आए। मैं वहीं खड़ा रहा। मैंने उस बालिका से कहा- " मैं आपके चरणों में प्रणाम करता हूं। हे देवी! तुम साक्षात श्री राधा स्वरुप हो। मैं आपसे क्षमा चाहता हूं। हमारे अनुशासन में कहीं कमी रही। आपको कष्ट हुआ है।" उसने कहा- "नहीं। आप मुझसे क्षमा मत मांगिए। आपको क्षमा मांगनी है, तो श्री गिर्राज जी महाराज से मांगें। अनुशासन का महत्व तो आप सब लोग जानते ही हैं।"

मैं चुप था। उसको और श्री गिर्राज जी को प्रणाम करके मैंने भूलों के लिए क्षमा मांगी। और फिर मैं भी विद्यालय पहुंच गया। सभी प्रधानाचार्य बंधु पहले ही विद्यालय में पहुंच गए थे।

अगले दिन वन्दना सभा में बोध कथा के माध्यम से यह प्रकरण मैंने सभी बंधुओं के समक्ष निवेदित किया। श्री श्याम लाल जी संगठन मंत्री ने अपने उद्बोधन में कहा- "बोध कथा से शिक्षा मिलती है कि तीर्थ क्षेत्रों में विशेष रूप से सावधान रहकर बोलना चाहिए। सम्यक वाणी और सम्यक व्यवहार हमारे पद, प्रतिष्ठा के अनुकूल होने पर हमें यशश्वी बनाते हैं। इसका अखंड ध्यान रहना ही चाहिए।..."

12

साहित्य और तकनीकी

तुलसी साहित्य-संस्कृति अकादमी न्यास एवं पंडित हरप्रसाद पाठक स्मृति बाल साहित्य पुरस्कार समिति मथुरा (उ.प्र.) के संयुक्त तत्त्वाधान में सरस्वती शिशु मंदिर दीनदयाल नगर मथुरा के सभागार में आयोजित अखिल भारतीय साहित्यकारं सम्मान समारोह के प्रथम चरण में उ. प्र. के साहित्यकारों को सम्मानित किया जा चुका था।

समारोह के अध्यक्ष सुप्रसिद्ध साहित्यकार डॉ.नटवर नागर ने वर्तमान में साहित्य-सृजन की गुणवत्ता, समीक्षा के स्तर, साहित्यिक संस्थानों की भूमिका आदि पर व्यापक चर्चा करते हुए गहरी चिंता व्यक्त की। उन्होंने कहा कि गूगल के कारण तो साहित्य का बड़ा ह्रास हो रहा है। जैसे ही वाक्य पूर्ण हुआ वैसे ही वीडियो बना रहे एक तेरह वर्षीय बालक सक्षम ने अपनी दृढ़ता के साथ कहा- "**नहीं। गूगल तो आजकल हमारी समस्याओं को हल करने में सहायक है।**" इतना कहते ही नीरव वातावरण खिलखिलाहट के साथ पूर्ववत चिंतन की धारा में निमग्न हो गया।

स्पष्ट है कि बालक वीडियो बनाने के साथ-साथ एकाग्रता से वक्तव्य भी सुन रहा था। मुझे अष्टावक्र का स्मरण हुआ। उन्होंने भी अपने पिता कहोड़ ऋषि को उनके प्रवचन के मध्य टोक कर अपनी चिंता से अवगत कराया था। पुत्र के टोकने पर कहोड़ ऋषि ने अपने श्राप से अष्टावक्र को आठ जगह से टेड़ा होने का कठोर श्राप दे दिया था। श्राप से पूर्व वह भी सुदर्शन एवं स्वस्थ थे।

सौभाग्य से डॉ. नटवर नागर जी ने सक्षम बालक को बड़े सहज और सरल ढंग से क्षमा करते हुए अपना वक्तव्य पूर्ण किया। विमर्श का निर्माण हुआ। सभी ने स्वीकार किया कि साहित्यकार समाज से जुड़कर समाज के प्रबोधन का कार्य करें। सत्यम, शिवम्, सुंदरम के साथ साहित्यिक-साधना अनवरत चलती रहे ।

आज चर्चा होती है कि साहित्यकारों को समाज में उचित सम्मान नहीं मिल रहा है। इस पर बहुत अच्छा प्रसंग मुख्य अतिथि डॉक्टर मुकेश आर्य बंधु "पार्षद" नगर निगम मथुरा ने सुनाते हुए कहा कि ईश्वर चंद्र विद्यासागर बहुत विद्वान साहित्यकार थे, उन्होंने एक विधवा स्त्री से अपने ही पुत्र का विवाह रचाकर यह संदेश दिया था कि था कि साहित्यकार समाज की समस्याओं को दूर करने के लिए व्यावहारिक रूप से भी प्रतिबद्ध होते हैं। अतः आज साहित्यकार अपनी प्रतिबद्धता को प्रामाणिकता से सुनिश्चित करें, तो उनका सम्मान आज भी सर्वोपरि होगा।

वरिष्ठ साहित्यकार संगम तट पर "हिंदी-रत्न" सम्मान मेरे अंदर भी हिंदी के प्रति प्रतिबद्धता जगा गया है। सक्षम तो हिन्दी भाषा की सेवा में लग गया है, उसकी भांति हम सबके अंदर हिन्दी भाषा और साहित्य के प्रति गौरव एवं अभिमान का भाव रहना चाहिए।

यह भी सच है कि तकनीकी को हमें अपना साथी, मित्र व सहयोगी समझने का कठिन पाठ सक्षम ने हमें कुछ शब्दों में समझा दिया। ...

13

चालक ने खोलीं जब मेरी आंखें

मुझे राष्ट्रीय साहित्यकार सम्मेलन हापुड़ में संस्कार भारती बुलंद शहर के साथियों सहित जाना था। संस्कार भारती द्वारा आयोजित इस सम्मेलन में श्री अटल बिहारी वाजपेई जी मुख्य अतिथि के रूप में आने वाले थे। उनकी साहित्यिक आभा में अवगाहन की मेरी प्रबल इच्छा थी। जिला संयोजक के नाते भी इकाई के पदाधिकारियों के साथ जाना आवश्यक था।

कुछ साहित्यकार मित्रों की प्रतीक्षा में डी. एम. कॉलोनी रोड स्थित लाल डिग्गी की पुलिया पर खड़े-खड़े कुछ व्याकुलता का अनुभव हुआ। जिस गाड़ी से जाना था, वह वहीं खड़ी थी। मैंने अपना दायां पैर गाड़ी के सामने लगे चमचमाते गार्ड पर रख लिया और साथियों के साथ आपसी साहित्यिक चर्चा में खो गया।

सहसा देखा कि एक युवक अपने हाथों से मेरा पैर हटा रहा है। मैंने कहा- भैया! क्या बात है? पैर क्यों हटा रहे? उसने कहा- "आपको नहीं मालूम सर ! यह गाड़ी मेरी पूजा है। यही मेरा मंदिर है। इसी गाड़ी से मेरे घर का चूल्हा जलता है। यह गाड़ी मेरे घर में खुशियां बरसाती है। मैंने पूछा- "यह तो ठीक है पर मुझे क्यों बता रहे? "

मेरे निकट खड़े साथी ने बीच में बोलते हुए कहा- "यह इस गाड़ी का जिम्मेदार चालक है। प्राय: हर चालक अपनी गाड़ी में अपने इष्ट की उपस्थिति का अनुभव करता है। इसलिए गाड़ी चलाने से पूर्व वे उसको नमन करते हैं। आपने इसकी गाड़ी पर पैर रख दिया। इसे यह अच्छा नहीं लगा। फिर भी इसने आपकी मर्यादा का ध्यान रखकर व्यवहार किया।

साथी ने जब यह बताया तो ऐसा लगा कि मानो सिर पर घड़ों पानी पड़ गया हो। मुझे असीम लज्जा का अनुभव हुआ। सोचने लगा कि सदाचार का पाठ तो हर पल सीखा जा सकता है। जैन पंथ के क्षमा पर्व की सार्थकता ध्यान में आयी। मैंने बिना देर किए चालक से जब सब में सामने क्षमा मांगी तो उसने कहा- "सर ! कोई नई बात नहीं मेरी जिंदगी में तो यह रोज़ घटित होता। कहा-सुनी भी होती पर आप पहले इंसान हो जिन्होंने मुझसे क्षमा मांगी। मैं इस लायक नहीं।" लोगों की द्रष्टि में हम दोनों आ गए थे। मैंने फिर कहा- "भैया ! भूलों को क्षमा करने वाले को समाज में बहुत आदर मिलता है। आपने मेरी आंखें खोल दी हैं। आप प्रसन्न और सुखी रहें। वार्ता के बीच ही सभी बंधु आ चुके थे। सभी गाड़ी में बैठ गए। चालक ने गुटका की थैली अपने मुंह में उड़ेली और गंतव्य की ओर चल दिया।

मैं आज भी सोचता रहता कि चालक का जीवन न जाने कितने अभावों और विषमताओं से भरा है, फिर भी वह अल्प वेतन भोगी मौन साधक की भांति अपने कार्य को कुशलतापूर्वक करते हैं। वह भी हमारे प्रेम और सम्मान के पात्र हैं। ...

14

भारतीय परिवारों की तपस्विनी..

सन 2003 की बात है। श्री नव रात्रि का काल चल रहा था। सेवा प्रसून हिंदी मासिक के संपादन के लिए मैं श्रुति प्रेस गोकुल पुरा आगरा पर गया था। पत्रिका की विषय वस्तु, सज्जा, आवरण पृष्ठ आदि देखकर प्रूफ रीडिंग का कार्य भी पूर्ण किया। प्रात: के लगभग 11.00 बजे थे। कार्य पूर्ण होने के कारण मैंने प्रेस के स्वामी श्री कौशल कुमार शर्मा जी से चलने की आज्ञा मांगी। पर उन्होंने अपनी विशिष्ट मुस्कान से मानो मुझे बांध लिया। मैं विचलित होकर भी अविचल खड़ा था। अनेक विषयों पर उनसे मुक्त चिन्तन होता था।

श्री कौशल कुमार शर्मा मुझे प्रथम तल पर स्थित अपने आवास पर ले गए। मुझे ससम्मान आसन ग्रहण कराया। श्रीमती शर्मा मां दुर्गा की पूजा में लीन थीं। मेरे आने का समाचार उनके कानों तक बहुत तेजी से गया। समाचाrर पाकर वे तत्काल उठकर आईं। मैने उन्हें प्रणाम किया। गोरे तन पर लाल रंग का भारतीय परिधान, खुले हुए लंबे-लंबे केश, माथे पर लाल-लाल बिंदी, आभामयी चेहरे पर मोहक मुस्कान लिए वे स्वयं दुर्गा-सी प्रतीत हो रही थीं।

शर्मा जी का संकेत पाकर अब वह लक्ष्मी स्वरूपा रसोई में जाकर अपने काम में लीन हो गईं। वे कुछ बनाकर लातीं कि तब तक रसोई से भाग कर आई सुगंध ने हम दोनों को धैर्य का पाठ पढ़ा दिया। कुछ पल उनके प्यारे-प्यारे बच्चों से बातें करने में बीत गए। थोड़े ही समय बाद अनेक स्वादिष्ट पदार्थों के साथ चाय आदि हमारी मेज पर प्रतीक्षा कर रही थीं। जलपान पूर्ण हुआ। बच्चों से भी बातें हुईं। शिक्षा योजना पर भी वार्ता हुई। आत्मीय व्यवहार के कारण बहुत आनंद की

अनुभूति हुई।

चलते समय मैंने श्रीमती शर्मा से कहा- "बहिन जी! मुझे क्षमा करना। व्रत के दिनों में मेरे कारण आपको निश्चय ही कष्ट हुआ है। आपने मां दुर्गा का पाठ छोड़ कर मेरी चिंता करके अपने कुल को गौरवान्वित किया है।" श्रीमती शर्मा ने तत्काल कहा- "आचार्य जी! अतिथि देवो भव तो आप ही पढ़ाते हैं। अतिथियों की सेवा में कोई कष्ट नहीं होता। नव रात्रिकाल में अतिथि सेवा का अवसर मिलना मां की कृपा ही समझती हूं।" प्रेम, सेवा और भारतीय संस्कृति की अनेक बातें श्री कौशल कुमार शर्मा, उनके लाड़ले बच्चे मौन हो कर सुन रहे थे। मैं भी उनके चरणों में नत होकर पूजा भाव से खड़ा होकर सोच रहा था कि वास्तव में **हमारी माताएं-बहिनें संस्कृति की पोषक और संवाहक हैं।** मैं सरस्वती स्वरूपिणी को प्रणाम करके चला आया। आज भी उनकी छवि सेवा का संदेश देती प्रतीत होती है। ...

15

संघ-शाखा ही मेरा मन्दिर है ...

जून 1986 की बात है राष्ट्रीय स्वयंसेवक संघ का संघ शिक्षा वर्ग तृतीय वर्ष रेशम बाग नागपुर (महाराष्ट्र) में लगा हुआ था। देशभर के समर्पित, निष्ठावान एवं दायित्ववान कार्यकर्ता प्रशिक्षण के लिए आए हुए थे। एक दिन संघ स्थान पर सायंकाल पूर्ण गणवेश में दंड का अभ्यास हो रहा था। प्रति प्रसर मार की आज्ञा हुई। जैसे ही मैंने प्रति प्रसर किया वैसे ही मेरे पैर में भयंकर चोट आ गई। गणशिक्षक महोदय ने मुझे गण से बाहर कर अलग खड़े होने के लिए कहा। मैं गण से बाहर हो गया। अब एक ओर मेरे पैर में चोट का दर्द था और दूसरी ओर मन में न सीख पाने की पीड़ा। पूजनीय डा. हेडगेवार जी के स्मृति मंदिर के निकट मैं इस प्रकार निष्क्रिय खड़ा था मानो किसी डाली से सुमन बरबस तोड़ कर फेंक दिया हो। मेरे साथ एक नेत्रहीन स्वयंसेवक भी खड़े थे। वे शारीरिक के कार्यक्रमों में भाग नहीं ले सकते थे।

सौभाग्य से वर्ग में राष्ट्रीय स्वयंसेवक संघ के सरकार्यवाह श्री हो. वे. शेषाद्रि जी उस समय प्रवास पर थे। वह भी पूर्ण गणवेश में उस दिन संघ स्थान पर उपस्थित थे। जब उन्होंने देखा कि दो स्वयंसेवक निष्क्रिय होकर गण से बाहर खड़े हैं, तो कारण जानने के लिए हम दोनों के पास आकर खड़े होकर सहज रूप से परिचय प्राप्त किया। हम लोगों से शारीरिक में भाग न लेने का कारण पूछा। मैंने उनको अपनी चोट दिखाई। चोट को देखकर वे दुःखी हुए और संवेदना प्रकट की। नेत्रहीन स्वयंसेवक से परिचय किया। उनसे बातचीत करते समय पता चला कि वह एमए (अंग्रेजी) हैं और बैंक में सेवारत हैं। श्री शेषाद्रि जी ने पूछा- " आप नेत्रहीन होकर

भी संघ शिक्षा वर्ग तृतीय वर्ष करने क्यों आए हैं?" तो उन्होंने बहुत ही विनम्रता से उत्तर दिया-

"मेरी स्पष्ट धारणा है कि संघ शाखा ही मेरा मंदिर है। संघ की प्रार्थना ही मेरा मंत्र है। राष्ट्रदेव की आराधना करने एवं देश को परम वैभव पर ले जाने की प्रबल इच्छा अंतस में ज्वार की भांति उठ रही है। इस दिव्य मंत्र (प्रार्थना) को सिद्ध करने हेतु यहां तप करने आया हूं। तप कर कुंदन बनूंगा और मां भारती के गले का हार बनूंगा।

मैं इसी के माध्यम से यहां कुछ सीख कर राष्ट्र देव के चरणों में जीवन समर्पित करूंगा , यही मेरे जीवन की सार्थकता होगी । इसी उद्देश्य से मैं संघ शिक्षा वर्ग में आया हूं। मैं शारीरिक व बौद्धिक के सभी कार्यक्रमों में भाग लेता हूं।आज गणवेश का क्रम है मुझे प्रत्यक्ष शारीरिक से अलग किया है इसलिए मैं यहां खड़ा हूं।" ऐसा सुनकर श्री शेषाद्रि जी अत्यंत आनंदित हुए। उन्होंने बहुत ही सरल और सहज ढंग से उन्हीं की मातृ भाषा में लंबी बातचीत की काफी देर तक मैं उनकी आत्मीयता को देख रहा था। नेत्रहीन स्वयंसेवक की बातों को सुनकर मुझे बहुत आनंद की अनुभूति हुई कि इस प्रकार के व्यक्ति भी संघ कार्य के लिए अपना योगदान देने को जब तैयार हैं, तो जो सभी प्रकार से स्वस्थ हैं वह व्यक्ति भी तो अपना योगदान संघ के कार्य के लिए कर सकते हैं। यह प्रसंग मुझे आज बहुत प्रेरणा देता है। संघ के स्थानीय कार्यकर्ताओं का ही बड़प्पन और योगदान है कि उन्होंने इस प्रकार के दिव्यांग जनों को भी संघ से जोड़ा है। संघ की यह विशेषता है कि इसमें किसी भी प्रकार से कोई भेद करने की संभावना नहीं रहती है। संगठन के कार्य विस्तार व उज्जवल भविष्य के लिए आवश्यक है कि हम बिना किसी भेद भाव के कार्य करते हुए हर प्रकार के व्यक्तियों को जोड़कर संघ को सुदृढ़ बनाएं। आज आवश्यकता कि हर युवा अपनी सम्पूर्ण शक्तियों को राष्ट्र देव को समर्पित करके इसे जग सिर मौर बनाने का सार्थक उद्यम करे।...

16

पढ़ाना नहीं समझ विकसित करना।

सन् 1971 की बात है। मैं कक्षा अष्टम् का छात्र था। कक्षा का मॉनीटर होने के कारण कुछ ज्यादा ही मुखर हो गया था। प्राय:सभी गुरुजनों से नि:संकोच प्रश्न पूछ लेता था। वे भी बड़ी आत्मीयता, प्रेम, सरलता व सहजता से उत्तर दे देते थे। श्री भैया लाल जी हमारे प्रधानाध्यापक थे। वे नित्य लगभग 15 किलोमीटर साइकिल से आवागमन करते थे। कभी भी विलम्ब से आना उनके स्वभाव में नहीं था। मैं भी विषम परिस्थितियों में भी विलम्ब से नहीं जाता था। भीषण बाढ़ भी मुझे विद्यालय जाने से कभी नहीं रोक सकी। एक हाथ से बस्ता ऊपर उठाकर और एक हाथ से तैर कर विद्यालय जाने में आनंद की अनुभूति होती थी। सुबह विद्यालय जाते समय और विद्यालय से आते समय स्नान तो बाढ़ के पानी से ही होता था। श्री भैया लाल जी प्रधानाध्यापक एवं श्री गोबिंद राम जी सहायक अध्यापक दोनों की मुझ पर असीम कृपा बरसती थी।

एक दिन श्री भैया लाल जी प्रधानाध्यापक एक दिन भूगोल में संसार का मानचित्र पढ़ा रहे थे। संसार के मानचित्र में ब्लादिवोस्तक के दाएं और न्यूयार्क के बाएं तीर के प्रतीक बने हुए थे। जलीय परिवहन का प्रकरण था। सभी सहपाठी मानचित्र में रंगीन पेंसिल से रंग भरकर उसे सजा रहे थे। तभी मैंने श्री भैयालाल जी के निकट जाकर पूछा- "साब! ये तीर के चिन्ह क्यों लगे हैं? समझ में नहीं आ रहे?" श्री भैयालाल जी ने अपने स्वभाव के अनुसार मुझसे प्यार से कहा- "कुता, सुअर, ! पहले ये बता कि तेरी खोपड़ी कैसी है? गोल है, लंबी है या चपटी है? मैंने कहा- साब! गोल है। फिर उन्होंने मेरे हाथ से मानचित्र लिया और उसे गोलाई में

मोड़कर कहा कि अब देखो की ब्लादिबोस्तक और न्यूयार्क कितने निकट हैं। देखने पर पता चला कि दोनों शहर अति निकट हैं। मुझे उत्तर तुरंत ध्यान में आया कि जलीय परिवहन की दृष्टि से दोनों शहर निकट हैं क्योंकि पृथ्वी गोल है। कक्षा के सभी सहपाठी खुश थे कि तूने गाली खाई पर समझ में सभी के आया। ऐसे ही प्रश्न पूछा करो जिससे सभी का भला हो।

आज अनेक वर्ष बीत गए परंतु क्रिया आधारित शिक्षण (learning by doing) अधिगम (out come) का नवाचार आज भी नहीं भूला। आदरणीय, परम पूज्य प्रधानाध्यापक जी का समझाने का ढंग निराला था। **शिक्षक का काम पढ़ाना नहीं समझाना है। समझ विकसित करने के समस्त उपक्रम शिक्षक को करने चाहिए। राष्ट्रीय शिक्षा नीति 2020 में भी अधिगम पर बल दिया गया है।**

17

कुंए का पानी पानी नहीं जल होता।

नेहरू स्मारक समान इंटर कॉलेज (मयनपुरी) मैनपुरी के एक सहपाठी मित्र श्री जवाहर लाल और मैं दोनों एक ही कमरे में रहते थे। उनका स्वभाव "एकला चलो" का था। वे भोजन तो अलग बनाते ही थे, खिचड़ी भी अलग पकाते थे। पड़ोस के खेत में खड़े गन्ने तोड़कर ऐसे चूसते थे मानो उनके ही स्वजनों का खेत हो। मन तो मेरा भी करता था परंतु मैंने तो देवोत्थान एकादशी के दिन भी गन्ना नहीं तोड़ा। कारण संकोच और नैतिक बल भी था कि पराए खेत से गन्ना क्यों तोडूं। परिवार और श्री मद्भागवत कथाओं से नैतिकता की वर्ण माला सीख रहा था।

मई मास में रविवार के दिन हम दोनों मल-मल कर एक कुएं पर नहा रहे थे। थोड़ी देर बाद जवाहर लाल तो पानी की खुली टंकी में डुबकी लगाकर आनंद लेने लगे। मैं क्या करता? मुझे तैरने की सुधि आई। मेरे जीवन की पुस्तक में नैतिकता का पन्ना मुड़ गया था या किशोरावस्था का प्रभाव था कुछ समझ में नहीं आ रहा। मैं रहट की बाल्टियों के सहारे कुएं में उतर गया था। जी भरके ठंडे-ठंडे जल में जल क्रीड़ा की, गहरे जल में उतर कर डुबकी भी लगाई। ऊपर आकर देखा की जवाहर लाल दंड बैठकें लगा रहे हैं। मैंने उनसे कुएं में नहाने का अनुभव साझा किया। वे मेरी बातें धैर्यपूर्वक सुनते रहे। मैंने कहा- "जवाहर लाल! तुम भी कुएं में नहा कर देखो। बड़ा अच्छा लगता है। कहीं तुम डरपोक प्राणी तो नही हो?"

तौलिया से अपना गोरा शरीर पोंछते हुए जवाहर लाल ने कहा- "राम सेवक! तुम नाराज न होना। कुएं का पानी पानी नहीं होता। कुएं का पानी जल होता है। जल को अपवित्र करना निश्चय ही पाप है। तुम अपने कर्मों पर ध्यान दो। एक दिन

ऐसा आयेगा कि तुम पेय जल ही नहीं पानी के लिए भी तरसोगे।" जवाहर लाल की वे तीखी बातें आज याद आती हैं। बातें ही नहीं तो उनका सच्चा मित्रवत स्वरूप भी अभी तक ओझल नहीं हुआ। उन्होंने हितकर सीख तुरंत देकर बड़ी कृपा की थी। आज भी 1974 की घटना भुलाए भी नहीं भूलती। जवाहर लाल तो कुछ दिन साथ रहकर धरती से विदा हो गए। सोचता हूं कि **जल, पृथ्वी, आकाश, अग्नि और पवन से किसी को भी खेलना नहीं चाहिए। इनके बिना तो जीव का अस्तित्व ही नहीं।** कदाचित हम सोते से जाग जायेंगे। अन्यथा पर्यावरण का असंतुलित रूप हमें यों ही निगल जायेगा। .....

18

प्रेरक शिक्षिका

अतरौली (अलीगढ़) स्थित सरस्वती शिशु मंदिर नगाइच पाड़ा के निकट था। 1987 में मेरा परिचय प्राथमिक पाठशाला की महान शिक्षिका श्रीमती पुष्पा शर्मा से हुआ। उनके निर्मल हृदय में जब वात्सल्य उमड़ता था, तो बड़े सहज भाव से मुझसे मिलने विद्यालय आ जाती थीं। उनका मातृवत स्नेह मुझे ऊर्जा प्रदान करता था। शिक्षा और संस्कार, वर्तमान शिक्षा व्यवस्था , भारतीय जीवन मूल्य और शिक्षा, अध्यापक और आचार्य आदि विषयों पर खुलकर चर्चा होती थी। बड़े आग्रह पर वे आधा कुल्हड़ चाय पी कर आशीष और आमंत्रण देकर अपनी कुटिया पर चली जाती थीं ।

एक दिन रविवार को मैं साथी आचार्य जी के साथ उनकी कुटिया पर पहुंच गया। वे बहुत प्रसन्न हुईं। अकेली ही रहती थीं, इसलिए स्वयं ही जल लेकर आईं। थोड़ी देर वार्ता होती रही ,परंतु न जाने कब चाय बन गई! मैं चकित था। साथ-साथ चाय पीने लगे। वे बोलीं- "भैया! मेरे बेटा बल्देव भाई के पिता जी स्व. मंगी लाल शर्मा ने श्री कल्याण सिंह जी को कभी दो-दो रुपए एकत्र कर चुनाव लड़ाया था। उनमें भाषण देने की कुशलता भी बड़ी बारीकी से विकसित की थी। आज वे नहीं हैं, पर उनका भाव जगत दैनिक स्वदेश में अपनी आभा बिखेर रहा है।" मैंने कहा- "जीजी! मैं समझा नहीं।" वे बोली- "भैया! बल्देव भाई दैनिक स्वदेश ग्वालियर में संपादक है। बहुत अच्छा लिखता हैं।" अब मेरी समझ में कुछ बातें आने लगीं थीं। मैंने पूछा- जीजी! आप जीवन को कैसे परिभाषित करेंगी ?" उन्होंने लंबी सांस लेकर संत तुकड़ो जी महाराज की पंक्तियां सुनाकर उत्तर दिया-

जिंदगी माना कठिन संग्राम है
पर हमें साहस न खोना चाहिए ।

मुश्किलें आती सदा हर काममें
और सहज ही घबराता है आदमी।
यदि अतुल सामर्थ्य अपनी जान ले
आदमी बन सकता है भगवान भी।

इतना कहकर वह शांत हो गईं। बोलीं- भैया! जिंदगी संघर्ष है। मैं तो संघर्षों में ही अविचल चल रही हूं। अब वार्ता को विराम दीजिए। बीते पल...। कदाचित वे विह्वल थीं। जीजी के पांव छूकर मैं आचार्य जी के साथ विद्यालय आ गया।

अगले दिन भोर से ही अखंड बारिश हो रही थी। 8.00 बजे का समय होगा। मूसलाधार बारिश से सड़कें नदिया प्रतीत हो रही थीं। अचानक जीजी भींगती हुईं विद्यालय आईं और हंसते हुए कह- "अरी! शकुंतला! मैं तो पूरी तरबतर हो गई। मुझे अपनी साड़ी दे दो। मैं विद्यालय जा रही थी। बारिश ने भींगो दिया "श्रीमती शकुंतला सरस्वती शिशु मंदिर की कर्मचारी थीं। साड़ी पहनकर जीजी मेरे कार्यालय में आकर बैठीं। मैं उन्हें निहार रहा था। वे बोलीं-"भैया! **मैं एक जिम्मेदार अध्यापिका हूं। भले ही बारिश हो रही पर ड्यूटी करना मेरा धर्म है।** रेनी डे में यदि एक भी विद्यार्थी विद्यालय में आयेगा तो मैं उसे इष्ट मानकर आज की पाठ योजना समर्पित करूंगी। "

मैं आश्चर्यचकित था कि शिक्षा जगत में अभी भी समर्पित शिक्षक या शिक्षिका हैं। इन्हें पहचान कर सम्मान देने की आवश्यकता है। तभी सिसकती प्राथमिक शिक्षा के मुख मंडल पर हंसी हंसेगी ही नहीं अपितु खिलखिलाएगी भी। महान शिक्षिका श्रीमती पुष्पा जीजी आज नहीं हैं। उनकी पावन स्मृति हर परिस्थिति में कार्य की प्रेरणा देती रहेगी। ...

19

वाणी और व्यवहार से होती सन्त-असन्त की पहचान

सन् 2010 की बात है। मैं दयानन्द सरस्वती शिशु मंदिर इंटर कॉलेज कासिमपुर पावर हाउस (अलीगढ़) में प्रधानाचार्य था। कुरुक्षेत्र स्थित अखिल भारतीय विद्या भारती संस्कृति शिक्षा संस्थान में संस्कृति संस्कृति बोध परियोजना की अखिल भारतीय कार्यशाला का आयोजन किया गया था। उस कार्यशाला में देश के विभिन्न प्रांतों से अनेक शिक्षाविद उपस्थित थे। कार्यशाला के द्वितीय दिवस पर जैसे ही ठिठुरती भोर ने आंखें खोलीं वैसे ही प्रतिभागी प्रातः काल की दिनचर्या में धीरे-धीरे व्यस्त होने लगे। मेरे निकट भोपाल के शिक्षाविद डॉ. प्रेम भारती जागकर सबसे पहले तैयार हुए। उन्होंने अपने साथियों को भी ब्रह्म सरोवर में स्नान के लिए तैयार किया। हाड़ कंपाने वाली भयंकर सर्दी थी। प्रतिभागी उनसे कह रहे थे कि डॉक्टर साहब सर्दी बहुत है, ऐसे में कैसे जाऊंगा? कोहरा भी बहुत है। कुछ भी दिखाई नहीं दे रहा। बड़ी उलझन है। क्या करूं ?

डॉक्टर प्रेम भारती जी की वाणी से प्रेम से सने शब्द हारसिंगार के सुमनोंकी तरह सहज ही झड़ते रहते थे । वे आग्रह पूर्वक प्रेम से सबको ब्रह्म सरोवर में स्नान के लिए ले गए। गुनगुने लिहाफ में मुंह छिपाए मेरे भी मन में विचार आया कि वयोवृद्ध शिक्षाविद सर्दी में भी ब्रह्म सरोवर में स्नान के लिए चले गए हैं। क्या मैं नहीं जा सकता? उन से प्रेरित होकर मैं भी अपने साथियों को तैयार करके ब्रह्मसरोवर के लिए चल दिया। चलते गए-चलते गए और रास्ता भटक गए। जोश

में होश गंवा बैठे थे। सामने देखा कि एक युवा नंगे पैर हाथ में गंगा जली लेकर सामने से आ रहा है। उसके सिर पर तौलिया रखी है। माथे पर चंदन लगा हुआ है। गले में माला भी पड़ी है। श्रद्धा से सिर नवाए वह कहीं मंदिर में जल चढ़ाने जा रहा।

युवा से मैंने कहा- "भैया! हमें ब्रह्मसरोवर जाना है। रास्ता बता दीजिए। मेरी बात सुनकर वह युवा रास्ता बताने के लिए आगे आगे चलने लगा और मैं साथियों सहित उसके पीछे पीछे। मैंने उससे बहुत आग्रह कि आप हमें रास्ता बता दीजिए। हम लोग चले जाएंगे। परंतु वह नहीं माना और काफी दूर जाकर उसने एक रास्ता बताया कि आप यहां से जाइए और यह रास्ता सीधे ब्रह्मसरोवर के लिए जाता है। आपको कोई परेशानी नहीं होगी। सभी को सिर झुकाकर प्रणाम करके वह लौटने के लिए तैयार हुआ तो मैंने कहा कि आप बहुत सुसंस्कृत व्यक्ति प्रतीत होते हैं। आपके माता-पिता एवं गुरुजन बहुत श्रेष्ठ हैं जिन्होंने आपके व्यक्तित्व को श्रेष्ठ बनाया। आप तो मंदिर में जा रहे थे लेकिन वहां न जाकर हमारे मार्गदर्शन में लग गए। आपको कोई कष्ट तो नहीं हुआ? वह बोला- "जी आचार्य जी। मुझे अपने माता-पिता व गुरुजनों पर गर्व है। सब उन्हीं की कृपा है। गुरुजनों की सेवा करने में कोई कष्ट नहीं होता।" मैंने कहा आपको कैसे पता कि मैं आचार्य हूं? उसने कहा कि यह भारतीय शिक्षा के संस्कारों विशेषता है। वाणी और व्यवहार से संत असंत की पहचान हो जाती है। क्या मैं अपने गुरुजनों को पहचान नहीं सकता? आप लोग श्री गीता निकेतन विद्यालय से आए हैं। मैंने कहा- "हां। हम लोग रात्रि में वहीं रुके थे। वहां अखिल भारतीय कार्यशाला हो रही है।" तो उसने कहा- "मैं समझता था, इसलिए मैं आपको यहां तक छोड़ने चला आया।" मैंने पूछा- "यह रास्ता ठीक ब्रह्मसरोवर जाता है? ऐसा तो नहीं हम भटक जाएं?" उसने कहा "**सच्चे आचार्य न भटकते हैं और ना ही उन्हें कोई भटका सकता है।** श्रद्धा पूर्वक शांत स्वभाव से वह अपनी बात कहता रहा। मैं उस पथ दृष्टा की ओर निहार रहा था। सोच भी रहा था कि वास्तव में सरस्वती मंदिर योजना ने श्रेष्ठतम स्वभाव के हिंदुत्वनिष्ठ युवाओं को बड़ी साधना से निर्मित किया है। आज तो रास्ता पूछने पर मोबाइल पर ठोक लगाए ही बिना सोचे कह देते की पता नहीं ।

चलते समय उसने गंगाजली धरती पर रखकर सभी के पैर छुए और कहा- आचार्य जी! मैं विद्या भारती का पूर्व छात्र हूं। श्री गीता निकेतन कुरुक्षेत्र मे ही मेरी +2 तक शिक्षा हुई है। उसे विदा करके हम सभी आनंदित थे। ब्रह्म सरोवर में स्नान कर भगवान शिव के दर्शन किए। वह प्रेरणा के पल अतिस्मरणीय हैं। पूर्व छात्र में शिक्षा और संस्कार दोनों ही परिलक्षित हो रहे थे। ....

20

अर्पण

सन् 2000 से पूर्व का प्रसंग है। विद्या भारती ब्रज प्रदेश का कार्यालय रमणरेती वृंदावन में था, जहां आज हनुमान प्रसाद धानुका सरस्वती बालिका विद्या मंदिर वरिष्ठ माध्यमिक विद्यालय संचालित है। ब्रज प्रदेश की शिक्षण प्रशिक्षण सम्बन्धी संपूर्ण गतिविधियां वहीं से संचालित होती थीं।

एक बार शिशु शिक्षा समिति ब्रिज प्रदेश से संबद्ध सरस्वती शिशु मंदिरों के प्रधानाचार्यों का प्रशिक्षण वर्ग वहीं आयोजित किया गया। श्री यतीन्द्र कुमार शर्मा तत्कालीन संगठन मंत्री विद्या भारती ब्रज प्रदेश, (सम्प्रति-अखिल भारतीय सहसंगठन मंत्री) लखनऊ उपस्थित थे। उनका मार्गदर्शन एवं सानिध्य सभी के लिए कल्याणकारी था। वे प्रारंभ से ही कार्यकर्ताओं में आशा, विश्वास, उत्साह एवं ऊर्जा संचारित करने का कार्य अपने ओजस्वी विचारों से करते रहे हैं। उनके मौलिक चिंतन से सभी आज भी धन्यता की अनुभूति करते हैं।

सभी प्रधानाचार्यों ने श्री धाम वृंदावन की परिक्रमा लगाने की इच्छा व्यक्त की। आयोजकों ने ज्ञान वृद्धि में परिक्रमा की महत्ता को ध्यान में रखकर परिक्रमा की योजना बनाई। प्रात: ही श्रीमान यतींद्र कुमार शर्मा जी के नेतृत्व में रमणरेती से परिक्रमा का श्री गणेश हुआ। उनके पीछे-पीछे सभी प्रधानाचार्य राधे राधे करते हुए परिक्रमा लगा रहे थे। बहुत आनंददायक वातावरण था। सभी के मुख मंडल पर श्रद्धा, भक्ति एवं समर्पण का भाव परिलक्षित हो रहा था। मार्ग में अनेक मंदिर और घाटों के दर्शन हुए। देखा कि यमुना जी अनेक घाटों को छोड़कर दूर जाकर बहने लगी हैं। सिसकते घाट हमारी करनी पर आंसू बहा रहे थे। ध्यान में आया कि यह सब हमारी गलतियों से हो रहा है। यमुना जी ही नहीं तो फिर अनेक नदियां अब हमें छोड़कर दूर बहने लगी हैं। हमने उन्हें नितान्त अंधे होकर प्रदूषित किया।

जो नदियों के अस्तित्व के लिए खतरा हैं उन्हें नदियों को मां कहने का नैतिक अधिकार नहीं है। मन में संकल्प जागा की नदियों की पवित्रता के लिए हमें कुछ कार्य करना होगा।

आक्रांताओं द्वारा मंदिरों पर किए गए हमलों की कहानियां सुनने को मिलीं। संतों की साधना और उनके चमत्कार की गाथाएं सुनकर नवीन चेतना का संचार हुआ। अनेक प्रकार की वेशभूषा, बोली देखने और सुनने को मिली। अनवरत चलते-चलते रमणरेती पर आकर परिक्रमा पूरी हुई।

सभी ने अपना सिर झुका कर रमन रेती में ही ब्रज रज को नमन किया। श्री वृंदावन धाम की जय, श्री राधा रानी की जय और श्री बिहारी जी की जय जयकार की। बहुत अच्छा दृश्य था। किसी तीर्थ की परिक्रमा करना मेरे जीवन का पहला ही अवसर था। परिक्रमा करते समय एक वैचारिक परिक्रमा मेरे मन के अंदर भी चल रही थी। मुझे ध्यान आया कि हमारे महान पूर्वज श्रवण कुमार ने तो अपने परम पूज्य माता-पिता को तीर्थ यात्रा कराई थी और मैंने यह यात्रा उनके बिना ही कर ली। वास्तव में यह नैतिक अपराध है। इस अपराध बोध से मुक्ति हेतु मैंने ब्रज-रज को नमन करते हुए श्री बिहारी जी एवं श्री राधारानी से प्रार्थना की कि यदि इस परिक्रमा से मुझे कुछ भी पुण्य प्राप्त हुआ हो तो वह मेरे माता-पिता को प्राप्त हो, क्योंकि मेरे पास उनको देने के लिए कुछ भी नहीं है। धीर-धीरे न जाने कितनी शरद पूर्णिमा बीत गईं। आज अनाथ होते हुए भी श्री वृंदावन धाम में श्री राधा रानी और श्री बिहारी जी महाराज की कृपा से मैं सनाथ होकर बच्चों के साथ रह रहा हूं। तीर्थ क्षेत्रों में किए गए पुण्य कार्य निश्चय ही कल्याणकारी होते हैं। यह बात निसंदेह सिद्ध हो रही है, इसलिए हमारा सबका दायित्व है कि तीर्थ क्षेत्रों की पवित्रता को मन, वचन, कर्म से बनाए रखें। माता-पिता और श्री हरि की कृपा तो बनी रहेगी। आस्था, विश्वास, श्रद्धा को अपने व्यवहार से सींचते रहें। ...

21

कथित छोटे महान लोग

प्रसंग 3 अप्रैल 2006 का है। मैं रानी महालक्ष्मी बाई सरस्वती विद्‌या मंदिर इंटर कॉलेज बरेली में प्रधानाचार्य पद पर सेवारत था। उस समय विद्‌यालय की मान्यता लखनऊ सचिवालय में विचाराधीन थी। इस संदर्भ में मुझे लखनऊ जाना था। यद्‌यपि सभी तैयारियां पहले से थीं, परंतु व्यस्तता के कारण व्यक्तिगत तैयारियां जैसे-बस्त्रों पर प्रेस, बालों की कटिंग आदि नहीं हो सकी थी। समय बहुत थोड़ा था। कपड़े लेकर मैं भागते-भागते राजेंद्र नगर में ही कपड़ों पर प्रेस करने वाले मोनू के पास गया।

मैंने मोनू से कहा- "भैया! मेरे कपड़ों पर प्रेस कर दो।" मोनू ने प्रैस करते हुए कहा- "यहां रख दीजिए। एक घंटे बाद ले जाना।" मैंने कहा "भैया मुझे बहुत जल्दी है। अभी अभी ट्रेन से लखनऊ जाना है। तुम पांच रु. की जगह दस रु. ले लेना।" इतनी सुनकर मोनू बोला- "सर! आप पढ़े-लिखे दिखते हैं। यहां रिश्वत नहीं चलती। अनुशासन भी तो कोई चीज है। हर जगह लाइन से काम होता है। छोटा आदमी हूं और छोटा काम करके अपने बच्चे पालता हूं। आप कह रहे हैं कि ₹5 की जगह ₹10 ले लेना। मैं ऐसा नहीं करता। आप हमें रिश्वत लेने का लालच मत दीजिए।" मैंने कहा- "भैया! आपका काम लगातार न रुकने वाला है। अच्छी बात है, परंतु मेरा काम बहुत जरूरी है। मुझे गाड़ी पकड़नी है। बहुत जरुरी काम से जाना है। मैं बार-बार कह रहा हूं। प्रैस जल्दी कर दीजिए।"

मोनू ने मेरी ओर देखा और कहा- "क्या आप कोई नेता हैं? "मैंने कहा-"नहीं।" उसने फिर कहा कि क्या कोई व्यापारी हैं? मैंने कहा- "नहीं।" तो उसने कहा फिर कौन हैं आप?

मैंने कहा- "भैया! मैं इंटरव्यू देने नहीं आया। प्रेस करनी है तो ठीक, नहीं तो कपड़े वापस कर दो।" मोनू ने कहा-सर! आपको यह बात शोभा नहीं देती। मैं बहुत छोटा व्यक्ति हूं। कपड़े धोने वाला धोबी। ना मेरा कोई समाज में बहुत सम्मान है और ना कोई बहुत बड़ा काम धंधा है, परंतु छोटा सा काम कर रहा हूं। इसी से अपने परिवार को पाल रहा हूं। साब! सच कह रहा हूं। **यही काम मेरा ईमान है, धर्म है, मंदिर है और पूजा भी है।इस काम में भ्रष्टाचार कैसे भी नहीं करूंगा।**", इतना कहकर उसने प्रेस करने से मना कर दिया। मैं कपड़े ले कर वापस चल दिया ।

तीस सेकेंड बाद ही मोनू जल्दी-जल्दी मेरे पीछे-पीछे आया। बोला कि सर आप नाराज तो नहीं हो गए? आप यह कपड़े हमें दे दीजिए। अभी प्रेस करता हूं। मेरे हाथों से वह कपड़े ले कर गया और बहुत स्फूर्ति से जमाकर प्रैस कर दी। मैंने उसे दस का नोट दिया और चल दिया परंतु मोनू ने पांच का नोट वापस करते हुए कहा कि साब! माफ करना। आप लोग रिश्वत देना बंद कर दें तो रिश्वत की बीमारी खुद ही रुक जायेगी। काम जल्दी कराने के लिए फालतू के रुपए देने का चलन आप लोगों ने शुरू किया। देश इसे भुगत रहा है। मैं पागल बनकर सच्चे सेवाधर्मी की बातें सुनकर भाव विभोर हो रहा था। ध्यान में आया सद्‌गुण व्यवहार का विषय है, खोखली बातों का नहीं।

बरेली कैंट एरिया में भी एक प्रैस वाले ने प्रैस करने के बाद सौ का नोट वापस करते हुए कहा था- "साब! हमारी परीक्षा न लीजिए। मेरे साथ तो रोज ऐसा होता है। ये नोट आपकी जेब में रखा था और मेरी परीक्षा लेने आया था।" वास्तव में कथित छोटे लोग बहुत महान हैं। इनकी ओर कैमरा कहां अपना फोकस डालता? ...

22

कैसी हो कथा की भाषा???

सरस्वती शिशु मंदिर सुभाष पार्क आगरा में शिशु शिक्षा समिति ब्रज प्रदेश द्वारा आयोजित "आचार्य प्रशिक्षण वर्ग" का आयोजन किया गया था। इस वर्ग में अनेक विषयों का प्रशिक्षण हुआ था। जैसे-शिक्षण तकनीकी, शिक्षण कौशल, शिक्षण के सिद्धांत, शिक्षण के सूत्र, शिक्षण की विधियां आदि आदि। एक विषय बोध कथा कथन का भी था, इसमें सभी आचार्यों से बोध कथा प्रस्तुत कराई गई थी।

एक आचार्य जी ने कथा सुनाई कि दो प्रस्तर पुत्र थे। दोनों भ्राता गंगोत्री से मां भगवती गंगा की पावन और निर्मल धारा में समवेत चल दिए। उनके मन में अति महत्वाकांक्षी दृढ़ संकल्प था कि इस धारा में निरंतर बहते हुए हम विराट ,असीम, अथाह गंगासागर की गोद में लेट कर विश्राम करेंगे। अनथक महा यात्रा के उपरांत जब तक हम गंगा सागर पहुंचेंगे तब तक तो स्वयं शालिग्राम बन जाएंगे। शालिग्राम का स्वरूप पाकर हम तो परमात्मा स्वरुप बन जाएंगे, फिर हम जन-जन के लिए पूज्य ही नहीं अपितु परम पूज्य और प्रातःस्मरणीय भी बन जाएंगे। किसी ने कहा भी है "**जो कांटो के पथ पर आया, फूलों का उपजा उसी को।**"दोनों अप्रतिम भ्राता अनेक प्रकार की बाधाएं एवं कष्ट सहन करते हुए आपस में बिछड़ गए। एक भाई रास्ते में प्रबल प्रवाह से कटकर गंगा के किनारे कहीं भटक गया और दूसरा अपने लक्ष्य तक पहुंचा, जो साक्षात शिव स्वरूप बना। एक मंदिर में स्थापित होने पर पूज्य बन गया दूसरा उसी मंदिर की सीढ़ी में लगाया गया जिसे नित्य पद-दलित किया जाता था। इसलिए हमें अपनी विचारधारा, संस्कृति, परम्परा जीवनमूल्यों आदि के प्रवाह से कभी विलग नहीं होना चाहिए। अन्यथा

जीवन निरुद्देश्य हो जाता है।

बोध कथा पूरी होने के बाद मुझ से आग्रह किया गया कि आप कुछ मार्गदर्शन करने का कष्ट करें। मैंने सभी प्रतिभागियों से पूछा कि प्रस्तर का क्या अर्थ है? तो बोध कथा कहने वाले आचार्य के अतिरिक्त अन्य किसी ने उत्तर नहीं दिया। तब मैंने कहा कि बोधकथा में वक्ता द्वारा सदैव सरल शब्दों का प्रयोग करना चाहिए। कथा की भाषा एवं शैली इतनी सरल और बोधगम्य हो कि श्रोता सहज ही समझ सके। बोध कथा में निहितार्थ श्रोता के अंतःकरण में सीधा उतरता जाए। अन्यथा बोध कथा कहने से कोई लाभ नहीं होगा। इतना बड़ा एक शिक्षित समूह कहानी का अर्थ नहीं समझ पाया तो फिर हमारी कहानी को बच्चे कैसे समझ पाएंगे?

कई बार ऐसा होता है कि वक्ता इतने कठिन शब्दों का प्रयोग करता है कि श्रोता यह समझ नहीं पाता कि वक्ता क्या बोल रहे हैं ? बस इतना कहता है कि वक्ता बहुत विद्वान हैं ।बहुत आनंद आया।, पर क्या समझ में आया यह कुछ नहीं बता पाता। परिमार्जित एवं साहित्यिक हिन्दी का प्रयोग शोध प्रबंधों के लिए तो ठीक है। अन्यथा तो जन-भाषा ही उपयोगी सिद्ध होगी, इसलिए यह ध्यान रखने की बात है कि वक्ता की भाषा श्रोताओं की आयु वर्ग और सीखने की क्षमता के अनुसार होनी चाहिए। उपनिषदों, पुराणों, पंच तन्त्र आदि की कथा शैली से प्रेरणा ली जा सकती है। ...

23

संस्कृति के पोषक

देवोत्थान एकादशी (14 नवंबर 2021) को मयन ऋषि की पावन भूमि मयन पुरी (मैनपुरी) में मुझे एक विवाह-समारोह में सम्मिलित होने का शुभ अवसर प्राप्त हुआ। रात्रि विश्राम श्री वाटिका में ही किया जहां विवाह-समारोह था। भोर की गुनगुनी सुनहरी किरणों ने तन-मन में नवीन ऊर्जा का संचार किया। इधर दैनिक-क्रियाओं से निवृत्त होकर गरम गरम कचौड़ी, दही, आलू की सब्जी, इमरती आदि का सभी ने आनंद लिया उधर बेटी की विदा भी हो गई। दर्जनों भीगीं पलकों ने मेरा भी हृदय विह्वल कर दिया था।

कुछ समय ठिठक कर मैं भी सभी को यथायोग्य अभिवादन करके श्री वृंदावन धाम के लिए चल दिया। भांवत रोड पर क्रिश्चियन इण्टर कॉलेज मैदान के सामने सड़क की दोनों ओर लौह-पीटा समाज (जनजातीय) के लोग अपनी-अपनी दुकानें सजा रहे थे। पंक्ति में रखी खुरपियां, कन्नी, वसूली आदि यात्रियों का मन आकर्षित कर रही थीं। सभी ने सफाई करके पानी का छिड़काव भी किया था।

राजस्थानी घांघरा, शरीर ढके कमीज और चूनर ओढ़े एक गेंहुआ रंग की श्रम देवी की ओर मेरी दृष्टि गई तो मैं सहसा उसकी गाड़ी के पास खड़ा हो गया। गाड़ी के नीचे और दाएं बाएं उसके परिवार के लोग अपनी मातृ भाषा में बातें कर रहे थे।एक युवा भट्टी में कोयला दहकाने का काम कर रहा था। मैंने पूछा- "भैया! इस खुरपी का मूल्य क्या है?" तभी झटपट एक महिला बोली- "बोनी का समय है एक दाम 80 ₹है।" मैंने आग्रह किया तो उसने 60 ₹ की छोटी खुरपी दे दी। इसी बीच चूनर और लहंगा वाली श्रम देवी अपने हाथ में चमकता हुआ लोटा लेकर आई और लोहा कूटने वाली निहाई का दोनों हाथों से आंखें मूंद कर अभिषेक करने लगी।

घुमक्कड़ जनजातीय समाज में इष्ट के प्रति ऐसी श्रद्धा, भक्ति, विश्वास, निष्ठा एवं पवित्रता का भाव देखकर मैं अचंभित ,हर्षित और आनंदित था। पूछने पर तपस्विनी ने बताया कि ये मेरा नित्य का काम है। इस निहाई से हमारी जीवन-नौका चलती है। इसी के सहारे अतिथियों की सेवा कर पाती हूं। इसलिए ये मेरे लिए शिव के समान है। निहाई का अभिषेक इसकी पूजा न जाने कब से परम्परा है,पर हम सभी निभा रहे हैं। इतना कहकर वह अपनी गाड़ी के अंदर चली गई।

मैं खुरपी को बैग में रखकर चल दिया । तभी "मेरा जीवन साथी" उ. प्र. परिवहन की गाड़ी आ गई। उसमें बैठ कर गोपाल की नगरी मथुरा आ गया, परंतु निहाई के अभिषेक का दृश्य नहीं भूल पा रहा। न जाने ये जनजातीय समाज कब से गाड़ी के नीचे अपनी जिंदगी जी रहे!! अनेक कष्टों, अभावों, विषमताओं और असुभिधाओं में अनगिनत पीढ़ियां समा गईं। स्वतंत्रता के बाद भी वे अधिकारों से वंचित होकर हमारी संस्कृति के संवाहक हैं। **अपनी भुजाओं पर विश्वास रखकर श्रम जल से अपनी पीढ़ी और संस्कृति को अभिसिंचित करने वालों के प्रति सज्जन शक्तियां मिलकर आवाज उठाएं , जिससे उनके जीवन में भी अच्छे दिन आएं। ...**

24

सेवा से समरसता

बुलंदशहर (उ.प्र.) के पूरब में काली नदी पार अनूप शहर रोड के वायीं ओर उटरावली गांव है । 1990 के दशक में वहां एक अवकाश प्राप्त प्रधानाचार्य ठाकुर परिवार के रहते थे। उटरावली में ही सेवा भारती के द्वारा बाल संस्कार केंद्र भी संचालित होता था। श्री गोविंद जी केंद्र को बहुत ही परिश्रम एवं निष्ठापूर्वक संचालित कर रहे थे। इस बाल संस्कार केंद्र पर सभी जातियों के निर्धन बच्चे पढ़ने आते थे। ठाकुर साहब केंद्र के संरक्षक भी थे।

श्री मोहनलाल गोविल अवकाश प्राप्त अध्यापक डीएवी इंटर कॉलेज जिला सेवा प्रमुख के नाते उस संस्कार केंद्र की अपने प्रवास में बहुत चिंता करते थे। चैत्र मास में श्री नवदुर्गा व्रत चल रहा था। अष्टमी के दिन मैं श्री मोहनलाल जी गोविल एवं गोविंद जी के विशेष आग्रह एवं असीम प्रेम के कारण उनके साथ उटरावली गया। वहां बहुत ही प्रसन्नता का वातावरण था। बाल संस्कार केंद्र पर कन्या पूजन का कार्यक्रम था। गांव की दर्जनों कन्याएं वहां उपस्थित थीं। सरस्वती वंदना एवं अतिथि परिचय के उपरांत कार्यक्रम की प्रस्तावना श्री गोबिंद जी ने प्रस्तुत की। श्री मोहनलाल गोविल ने "**सच्ची सेवा प्रभु पूजा है, उत्तम यज्ञ विधान है।**
दरिद्र नारायण बन जाता कृपा सिंधु भगवान है।।... गीत गायन किया। गीत का स्वर, भाव, भावना अत्यंत प्रेरणादाई थी। उपस्थित श्रोताओं पर गीत का प्रभाव स्पष्ट दिखाई दे रहा था।

सभी कन्याएं पंक्ति में बैठी थीं। श्रीमती ठकुरानी उपस्थित हुईं, उन्होंने अपने पतिदेव के साथ मिलकर कन्याओं के पैरों को धोया और सभी के तिलक लगाया। पंक्ति में ही अपना पूरा सिर ढककर एक कन्या बैठी थी। मैंने उससे पूछा- "आपका नाम क्या है?" उसने नाम तो नहीं बताया पर मेरी शंका को समझकर बोली कि

आचार्य जी मैं मुसलमान हूं। उसकी यह बात सुनकर मैं बहुत अचंभित था। मैंने श्रीमती ठकुरानी की ओर विस्मित होकर देखा, तो वह कहने लगीं कि हां मैं इसे जानती हूं, पर कन्या पूजन में भेद नहीं करती। सभी की कन्या एक जैसी हैं। हां, मेरे ठाकुर साहब कभी-कभी भेदभाव करते थे, परंतु अब आप देख रहे हैं वह भी भेद नहीं कर रहे।

श्रीमती ठाकुरानी ने कहा- "जब से गोविल जी भाई साहब और गोबिंद जी का यहां आना हुआ तब से सब बदल गया। बाल संस्कार केंद्र के संरक्षक मेरे ठाकुर साहब पर केंद्र का मानो जादू हो गया। पहले हम छुआछूत की जंजीरों में बुरी तरह जकड़े थे। अब हम इससे मुक्त हो गए "ठाकुर साहब ने भी सुर में सुर मिलाकर कहा कि **सीय राममय सब जग जानी** का पाठ अब याद हो गया। वास्तव में सेवा भारती समरसता का व्यवहारिक पाठ पढ़ा रही।" मैं नि:शब्द धन्यता की अनुभूति कर रहा था। अन्त में कन्या पूजन के बाद सभी ने सहभोज किया। गर्व के साथ कहा जा सकता है कि समाज जीवन में सेवा भारती के प्रयास से समरसता की पावन गंगा बह रही है। सभी को इस पावन गंगा में नहाने की आवश्यकता है। ...

25

परिवार की संभाल: आत्मीय संवाद, व्यवहार, अच्छा व्यवहार

राष्ट्रीय स्वयंसेवक संघ के परम पूज्य सरसंघचालक डॉ. मोहन जी भागवत ने नवंबर में आयोजित "संत ईश्वर सम्मान 2021" के समारोह में विज्ञान भवन नई दिल्ली में उद्‌बोधन करते हुए कहा- " स्वर्गीय खय राज शर्मा ने अपने परिवार पर अपनी स्वयं की कृति , स्नेहमय परामर्श से सीख देकर जो प्रभाव डाला, उस पर उनका परिवार आज भी चल रहा है। इसलिए आदर्शों के प्रकाश में हमें ऐसे उदाहरणों के साथ कदम मिलाकर चलना है। **हम यदि अपने परिवार की संभाल आत्मीय संवाद व आत्मीय व्यवहार से अच्छे वातावरण में करेंगे तो नई पीढ़ी कभी नहीं भटकेगी।**"

सरसंघचालक जी के इस सैद्‌धांतिक विचार का व्यवहारिक रूप आज 28 नवंबर 2021 को मुझे देखने को मिला। मैं अपने मित्र स्व. शिवपाल सिंह जी के घर उनके परिवार की कुशलक्षेम जानने के भाव से गया था। परिवार के सभी सदस्यों से घुलमिल कर वार्ता अपने शिखर पर थी। उनकी पौत्री पूछ रही थी कि क्या आप अभी चले जाओगे!! मैं उसके भावों को समझ रहा था। फिर मैंने उन्हें वीरांगना किरणा की कहानी सुनाई। तभी स्व. शिवपाल सिंह जी के छोटे पुत्र जितेंद्र सिंह आ गए। मैंने उनसे पूछा कि आजकल क्या हो रहा है? उन्होंने कहा कि आज मैं टीईटी 2021 की परीक्षा देने के लिए रमणरेती गया था, लेकिन परीक्षा निरस्त हो गई, फिर मैं रमणरेती स्थित श्री गुरु शरणानंद जी के आश्रम में दर्शन के लिए जा

रहा था। रास्ते में नगर पंचायत के सफाई कर्मचारी झाड़ू लगा रहे थे। मैंने कहा फिर क्या हुआ? जितेंद्र सिंह ने बताया कि जब सफाई कर्मचारी ने मुझसे कहा कि रास्ते से हट जाओ, मुझे झाड़ू लगाना है। तो मैंने कहा-"आप झाड़ू लगाइए। मुझसे आपको क्या परेशानी है?" इस पर सफाई कर्मचारी ने कहा "अरे भैया! यह धूल तुम्हारे ऊपर जाएगी, फिर तुम हम पर नाराज होगे, और न जाने क्या-क्या अनाप-सनाप बोलोगे कि कर्मचारी नालायक है, कर्मचारी को दिखाई नहीं देता, उसका दिमाग खराब है।" तो मैंने कहा- "नहीं ऐसा कुछ नहीं होगा। मैं ऐसा कभी नहीं बोलूंगा। अरे! जिसे तुम धूल कह रहे, वह धूल नहीं। यह तो पवित्र रज है, जिसमें भगवान श्रीकृष्ण खेले थे। इस रज में असंख्य गऊएं विचरण करती थीं। इसमें ग्वाल-वालों संग बाल कृष्ण ने लीलाएं करके जीवन जीना सिखाया था। **यह भूमि तो ऋषि मुनियों की परम पावन तपोस्थली है। यह कर्म भूमि है, मोक्ष भूमि है और धर्म भूमि है। इसकी रज यदि मेरे सिर पर पड़ जाएगी तो कदाचित मेरा भी उद्धार हो जाएगा। आप झाड़ू लगाइए और पुनीत रज मेरे ऊपर आने दीजिए।"**

यह सुनकर सफाई कर्मचारी ने झाड़ू एक ओर रख दी। फिर हाथ जोड़ कर बोला-" साब! मुझे माफ करना। आपने मेरी आंखें खोल दीं।" वह हमारी ओर अपलक देखता रहा और बोला कि आप क्या करते हो ? तो मैने उसे बताया कि मैं सरस्वती विद्या मंदिर केशव धाम वृंदावन में आचार्य हूं। तो उसने कहा- "आचार्य जी! बहुत दिन हो गए मुझे झाड़ू लगाते हुए, परंतु आप जैसा कोई नहीं मिला। रमन रेती इतनी पवित्र है!!! मैं नहीं जानता था। शायद ईश्वर मेरे पर भी कृपा करेगा, इसमें तो मैं रोज नहाता हूं। यह मेरा अहो भाग्य है। मुझे भी आज एहसास हो गया कि मैं किसी पुण्याई के कारण यह कार्य कर रहा हूं। अब मैं किसी नौकर के भाव से काम नहीं करूंगा। सफाई का कार्य भी भगवान की पूजा है मैं इस राज को जान गया हूं। मैंने कहा "आप निश्चय ही ईश्वर की सेवाकर रहे हैं।" उसने कहा-"गुरु! फिर आना, मैं यहीं मिलूंगा।" उसकी भक्ति भावना से मैं प्रभावित होकर वृंदावन चला तो आया, पर वह पल अविस्मरणीय बन गया।जितेंद्र सिंह की यह बात सुनकर मुझे भी बहुत आनंद की अनुभूति हुई। मैं सोच रहा हूं कि श्री शिवपाल सिंह जी ने अपने बच्चों को अच्छी सोच और संस्कार दिए हैं। स्व. शिवपाल सिंह जी एक प्रयोगधर्मी आचार्य थे। वे प्रधानाचार्य, संभाग निरीक्षक और प्रदेश निरीक्षक रहे। सबसे बड़ी बात है कि वह संघ के सक्रिय कार्यकर्ता रहे। उन्होंने अपने परिवार के बच्चों को जो संस्कार दिए आज उनके जीवन में दिखाई दे रहे हैं। सरसंघचालक जी ने जो कहा वह निश्चय ही कल्याणकारी पाथेय है। आदर्श माता-पिता अपने परिवार को यदि सम्यक दिशा और दृष्टि दें व अच्छे संस्कार दें तो परिवार अभाव

में भी आगे बढ़ता ही जाएगा। यह बात आज मैंने स्वयं आंखों से देखी और मैं धन्यता की अनुभूति करता हूं।....

26

धन के प्रभाव में भी अभावग्रस्तों की सेवा महानता

राजकीय इण्टर कॉलेज बुलंदशहर (उ. प्र.) के सामने शिवपुरी स्थित सरस्वती शिशु मंदिर। सन 1995 के लगभग की बात है। विद्यालय में शिक्षण कार्य व्यवस्थित हो रहा था। द्वितीय वेला का संकेत हुआ। मैं अपने कार्यालय से बाहर निकला। सामने के प्रांगण में स्थित जलेबी के पेड़ से जलेबी के आकार की फलियां यदाकदा गिर रही थीं। पत्ते भी झड़ रहे थे। सहसा मुख्य द्वार खुला। पैरों में सादा काली चप्पल, तन पर धोती-कुर्ता , कंधे पर लटका कपड़े का थैला, बिखरे-बिखरे से बाल, चेहरे पर सहज मुस्कान का सौंदर्य बिखेरती छोटी काली-काली मूछें अर्थात अनुपम सादगी और सेवा का हिमालय-सा विराट चुम्बकीय व्यक्तित्व सामने था। वे कोई और नहीं सरस्वती शिशु मंदिर योजना के अधिष्ठाता श्रद्धेय कृष्ण चन्द गांधी थे। मैं अकिंचन उस महान विभूति के चुंबकीय प्रभाव से उनके सामने सहज खिंचा चला गया। मैंने उनको सादर करबद्ध प्रणाम किया। उन्होंने भी मुस्कुराहट के साथ अभिवादन स्वीकार किया। कुशलक्षेम पूछने के बाद गांधी जी ने मुझसे पूछा- "सब ठीक तो है?" मैंने कहा "जी। आपका आशीर्वाद है।" मैंने उन्हें कार्यालय में आसन ग्रहण करने का सादर निवेदन किया। अब उनका सानिध्य मेरे लिए सौभाग्य की बात थी।

गांधी जी ने आवश्यक चर्चा करते हुए पूछा- "भैया-बहिनों के विकास की क्या-क्या गतिविधियां हो रही हैं? मैंने पाठ्यक्रम और पाठ्येतर क्रियाकलापों की

विस्तृत जानकारी उनसे साझा की। उन्होंने संतोष व्यक्त करते हुए आगे पूछा कि सरस्वती पूजन की क्या स्थिति है? मैंने कहा- "सरस्वती पूजन हम पुष्पों से कराते हैं। बच्चों से कोई भी वस्तु पूजन के नाम पर नहीं मंगाते, क्योंकि इससे समाज में गलत संदेश जाता है कि विद्यालय के संचालक अनावश्यक वस्तुएं मंगाते रहते हैं।"

गांधी जी मेरी बात सुनकर सहसा कुछ गंभीर हुए फिर बोले "वसंत पंचमी पर सरस्वती पूजन हमारे अनुष्ठान का अंग है। इसके उद्देश्यों को समझने की आवश्यकता है।" मैंने बीच में ही कहा- "जो विद्यालय आर्थिक दृष्टि से कमजोर हैं, वह पूजन पर वस्तुएं मंगा लेते हैं, तो उनका प्रयास ठीक हो सकता है। हमारे जैसे एवं बड़े विद्यालयों में आर्थिक संकट नहीं है, इसलिए पूजन में धन या वस्तुएं मंगाना आवश्यक प्रतीत नहीं होता।"

गांधी जी ने कहा आपका विचार ठीक हो सकता है, परंतु हम सब तो सामाजिक कार्यकर्ता हैं। आपको ज्ञात होगा कि **शिक्षा समाज में सेवा का भाव भी जागृत करती है। शिक्षा समाज में नैतिक गुणों का भी विकास करती है। शिक्षा सामाजिक परिवर्तन का आधार है। शिक्षा संस्कृति की वाहक भी है। सब बातों को ध्यान में रखकर हमें काम करना चाहिए।** अभिभावकों बच्चों, आचार्यों आदि में परहित देने का संस्कार बना रहे और हमारे कार्यकर्ताओं को समाज-हित के लिए मांगने का स्वभाव बना रहे। देश-धर्म पर बलिदान होने की सीख बच्चों, अभिभावकों, पूर्व छात्रों व अन्य व्यक्तियों को मिलती रहे इसलिए सरस्वती पूजन का बहुत महत्व है। बचपन में मिले देने के संस्कार से भामाशाह की परम्परा पुष्ट होगी। इसलिए आप विचार करना। आपको छोटी-मोटी वस्तुओं या धन की आवश्यकता नहीं है, परंतु समाज के बहुत से कमजोर विद्यालयों को इसकी आवश्यकता है। इसलिए वसंत पंचमी पर पूजन कराके प्राप्त धन और वस्तुएं आदरपूर्वक अपने कमजोर विद्यालयों को दे देना चाहिए। उसका संपूर्ण हिसाब अपने विद्यालय में व्यवस्थित रखना चाहिए। यह बहुत आवश्यक है।

स्व. गांधी जी का विराट चिंतन हमारे अंतःकरण में स्थाई भाव निर्मित कर गया। निश्चय ही वसंत पंचमी पर सरस्वती पूजन जैसे अनेक कार्यक्रम हमारे अंदर सामाजिक सरोकार, संस्कृति के प्रति निष्ठा व सेवा का भाव जगाने में सहायक हैं। यथासंभव कमजोर विद्यालयों की सहायता संपन्न विद्यालयों को करनी चाहिए। ऐसा आज भी प्रतीत हो रहा है। यह एक अच्छी बात है कि अनेक विद्यालय कमजोर विद्यालयों की सहायता कर रहे हैं। धन के प्रभाव में अभावग्रस्तों का ध्यान रखकर सेवा करना महानता है। ...

27

व्यवहारिक सीख- पराया धन मिट्टी समान।

सरस्वती शिशु मंदिर फतेहपुर सीकरी (आगरा) 1980 में जौताना के लेखपाल श्री साहब सिंह के मकान में किराए पर चलता था। एक दिन अवकाश के बाद एक छोटा बालक मेरे पास आया और पेंसिल देकर कहने लगा-"आचार्य जी! मुझे यह पेंसिल मिली है। किसी भैया/बहन की गिर गई है। पता करके आप दे देना।" मैंने कहा- "अरे! यह पेंसिल तुम अपने पास ले जाओ। तुम्हारे काम आएगी।" बालक बोला- "नहीं। यह मेरी पेंसिल नहीं है। यह मेरे काम कैसे आएगी? इसे आप जमा कर लीजिए।" मैंने कहा- "कोई बात नहीं। तुम इसे अपने पास ले जाओ। इसका यहां क्या होगा?"

बालक मेरी ओर आश्चर्य से देख रहा था। कदाचित वह मेरी समझ पर सोच रहा था। मैं परमात्मा स्वरूप देवपुत्र के सामने बौना होकर खड़ा था। उसने कहा "आचार्य जी! इसे आप खोया-पाया विभाग में जमा कर देना। आपको पता नहीं है। खोई हुई चीज किसी की मिले तो अपने घर नहीं ले जाना चाहिए। पराई चीज या पराया धन मिट्टी के समान होता है। मुझे यह बात प्रधानाचार्य जी ने बताई थी। आप इसे खोया-पाया विभाग में जमा कर देना। विद्यालय में खोया पाया विभाग भी होता है।"

खोया-पाया विभाग का नाम मैंने पहली बार सुना था। मैंने बालक से पेंसिल ले ली और फिर प्रधानाचार्य जी के पास गया। श्री निरंजन लाल श्रीवास्तव प्रधानाचार्य थे। मैंने उनसे कहा- "प्रधानाचार्य जी! यह पेंसिल एक बालक ने दी है। इसे खोया-पाया विभाग में जमा करना है। यह विभाग कहां है?" प्रधानाचार्य जी ने खोया-पाया

विभाग प्रमुख आचार्य श्री रघुवीर सिंह जी से मेरा परिचय कराया। मैंने वह पेंसिल उनको दे दी। अगले दिन वन्दना सभा में बच्चों को पेंसिल दिखाई गई।

एक बालिका आई और पेंसिल लेकर खुशी से झूमती हुई अपने स्थान पर जाकर बैठ गई। मुझे आज तक यह बात कष्ट दे रही है कि वह बालक मेरे बारे में क्या सोच रहा होगा? परंतु उसकी प्रमाणिकता से मेरी आंखें खुल गई थीं। जो पाठ मैने कथा, प्रवचनों से नहीं सीख पाया, वह उस बालक के व्यवहार से स्थाई रूप से सीख गया। निश्चय ही व्यवहारिक उपदेश प्रभावोत्पादक एवं परिणामकारी होता है।

वास्तव में बचपन के संस्कार ही व्यक्ति का व्यक्तित्व विराट बनाते हैं। शास्त्रों में जो जो लिखा वह यदि व्यवहार में आ जाए तो जीवन सुधर जाता है। आज ऐसा ही एक उदाहरण जब सामने आया तो मुझे उस बालक की बात याद आ गई। मां शांतिबाई सरस्वती विद्या मंदिर इंटर कॉलेज जैतरा (बिजनौर) में कक्षा दशम के छात्र रोहन कुमार को ₹4000 रुपयों से भरा बैग विद्यालय में मिला। उसने वह बैग विद्यालय के "खोया-पाया" विभाग में जमा कर दिया। खोया पाया प्रमुख ने घोषणा की कि रुपयों से भरा हुआ एक पर्स प्राप्त हुआ है, जिस किसी का हो पहचान बता कर मुझसे प्राप्त कर लें। संबंधित आचार्य जी को पर्स दे दिया गया। प्रधानाचार्य श्री रोहताश्व जी ने भी उस छात्र की प्रामाणिकता पर उसे पुरस्कृत किया। निश्चय ही ऐसे नैतिक गुणों से संपन्न बच्चों/व्यक्तियों को प्रोत्साहित करना ही चाहिए, जिससे अन्य को अच्छा करने की प्रेरणा मिले। सरस्वती शिशु मंदिरों में तो यह प्रमाणिकता कूट-कूट कर भरी है। किसी भी विद्यालय का कोई भी छात्र, छात्रा, आचार्य, कर्मचारी कोई भी खोई हुई वस्तु अपने घर नहीं ले जाते। निश्चय ही यह पंक्ति सटीक सिद्ध होती है **सरस्वती से पावन मंदिर खड़े किए हैं। राम, कृष्ण, सीता-से भैया-बहन दिए हैं।।** ....

28

संस्कार नहीं बिगडने दिए।

मुंह में धुआं आंख में पानी, लेकर अपनी रामकहानी। बैठा था टूटी खटिया पर, ओढ़े हुए लिहाफ दिसंबर। (कुंअर बेचैन) कड़ाके की ठंड थी। रजाई से बाहर निकलने का मन नहीं कर रहा था, फिर भी दृढ़ इच्छा शक्ति के धनी कुछ संकल्पित सामाजिक कार्यकर्ता "विशाल शुद्धि यज्ञ" के लिए जी.टी. रोड अलीगढ़ के एक कृषि फार्म पर एकत्र हुए। आर्य समाज गुरुकुल साधु आश्रम हरदुआगंज के तत्वावधान में यह विशाल शुद्धि यज्ञ का कार्यक्रम होने जा रहा था। इस कार्यक्रम में तत्कालीन धर्म रक्षा संकल्प यज्ञ के अध्यक्ष श्री राजेश भारद्वाज, श्री राजनाथ सिंह "सूर्य" मुख्य अतिथि, श्री सतीश जी सिंधवानी मुख्य वक्ता हरियाणा प्रांत सेवा प्रमुख, डॉ नरेश जी बुलंदशहर, तनुजा ठाकुर छत्तीसगढ़, पूज्य सन्त विजय जी ब्रह्मचारी, श्री महेश चंद्र अग्रवाल, श्री राजेश्वर सिंह जी आदि उपस्थित थे।

गुरुकुल के ब्रह्मचारियों ने घर वापसी के लिए आए व्यक्तियों को विधि-विधान से यज्ञोपवीत पहनाकर उनका गंगाजल से अभिषेक किया। माल्यार्पण करके उनका अभिनंदन किया गया। रारबर वैदिक मंत्रोच्चारण हो रहा था। बहुत ही भावपूर्ण हृदयस्पर्शी सुंदर दृश्य था। भगवा मंच अत्यंत सादगीपूर्ण था। माइक की व्यवस्था ठीक न होने पर भी अनुशासन बहुत ही प्रेरणादायक था। श्री राजनाथ सिंह "सूर्य" ने अपना प्रभावी उद्बोधन करते हुए कहा था- "हमारा समाज सर्वग्राही है। यदि ऐसा न होता तो महर्षि बाल्मीकि और वेद व्यास रामायण महाभारत ना लिखते। यह भी तो शूद्र समाज के ही थे। हमें सब समाज में समरस होने की आवश्यकता है।" इस पर करतल ध्वनि से संपूर्ण वातावरण में चैतन्यता का

अनुभव हो रहा था। श्री सतीश सिंधवानी ने अपने उद्‌बोधन में सभी से करबद्‌ध प्रार्थना की थी कि वापस आए बंधु-बहिनों को इतना प्यार दें, इतना सम्मान दें और इतना ध्यान दें कि ये फिर कभी धर्मांतरित न हों।"

झंडेवालान देवी मंदिर नई दिल्ली की ओर से घर वापसी में आए 600 भाई-बहनों को इस अवसर पर साड़ी और पूजा की चुन्नी भेंट की गई थी।

संपूर्ण कार्यक्रम अत्यंत प्रभावी था। भावात्मक रूप से भी बहुत प्रेरित करने वाला था, जिस समय उपेक्षित बंधु-बहिनें घर वापसी के लिए अंदर प्रवेश कर रहे थे तो उनकी दुबल-पतली काया, नीचे झुकी हुई आंखें देखकर मेरा मन बहुत दुखी हो रहा था। लेकिन प्रसन्नता इस बात की हो रही थी कि आज हमारे सहोदर भाई-बहिन घर वापसी हेतु आए हैं। हमारी खोई शक्ति पुनः प्राप्त हो रही है। राष्ट्रीय स्वयंसेवक संघ के द्‌वितीय सरसंघचालक पूजनीय माधव राव सदाशिव राव गोलवलकर श्री गुरु जी ने कहा था- "सहोदरा सर्वे हिंदू, ना हिंदू पतितो भवेत्।" सभी हिंदू सगे भाई बहन हैं। कोई हिंदू पतित नहीं होता।

कार्यक्रम स्तर पर सभी के लिए भोजन की व्यवस्था की गई थी। घर वापसी हेतु आए बंधु-बहनों से जब भोजन के लिए कहा गया तो एक बात सामने आई जो हृदय छूने वाली थी। उसने मुझे आश्चर्यचकित किया, अचंभित किया, स्तब्ध किया, निशब्द और विह्वल भी किया, वह बात थी कि वह जब भोजन के लिए जा रहे थे तो सभी ने अपने जूते/ चप्पल उतारे और हाथ-पैरों को धोया। तब भोजन के लिए बैठे। भोजन की पत्तल को नमन किया फिर भोजन करना प्रारंभ किया। **अन्य लोग जो तथाकथित शिक्षित थे, जूता/चप्पल पहन कर के ही भोजन कर रहे थे। यह सब देख कर मुझे यह प्रतीत हुआ कि भले ही वे स्वार्थ, लालच, अज्ञानता या भयवश कहीं भी गए हो लेकिन उन्होंने अपने संस्कार बिगड़ने नहीं दिए। वे ठोकरें खाकर भी निश्चय ही आज भी सुसंस्कृत हैं। आगे भी वह हमारी संस्कृति के पोषक रहेंगे।** संस्कृति को संस्कारों से ही बल मिलता है। वह अपनी पीढ़ी को भी सुसंस्कृत बना सकेंगे। कदाचित हमें यह भ्रम है कि हम उनको संस्कारित कर रहे हैं। इसलिए जो इस पवित्र कार्य में लगे हैं, उन्हें भी अपनी और देखना होगा, तब कार्य और प्रभावी होगा। ...

29

जैसी दृष्टि वैसी सृष्टि

सन् 1988 की बात है। सरस्वती शिशु मंदिर अतरौली में श्री महेंद्र सिंह यादव कार्यालय प्रमुख के पद पर सेवारत थे। वे शिक्षण का भी कार्य करते थे। वे संस्थागत कार्य से मेरे साथ एक दिन अलीगढ़ गए। हम दोनों श्वेत धोती, कुर्ता पहने हुए रिक्शा पर बैठकर टीकाराम कन्या विद्यालय की ओर जा रहे थे। सामने से दूधिया-धवल श्वेत वेश (साड़ी-ब्लाउज) धारण किए आभामयी छात्राओं की गंगा-सी निर्मला पंक्ति चली आ रही थी। कदाचित टीकाराम कन्या महाविद्यालय के बी. एड. विभाग की छात्राएं अवकाश के उपरान्त आ रही थीं। उनके हाथों में शैक्षिक सामग्री, पोस्टर आदि थे। बहुत ही सुंदर, मनोहारी, विहंगम दृश्य था। एक ही आयु वर्ग की युवतियों को देखकर महेंद्र जी ने कहा- "भाई साहब! क्या मैं इन कन्याओं की ओर देख सकता हूं? "मैंने कहा- "हां, हां। क्यों नहीं? देखना कोई अपराध नहीं है। देखने की दृष्टि ठीक होनी चाहिए।" इतना सुनकर वे उन कन्याओं की ओर देखने लगे। रिक्शा धीरे-धीरे चलता रहा था। वे कन्याओं की ओर टकटकी लगाकर निहार रहे थें। मैं महेंद्र जी को निहारते हुए पढ़ भी रहा था। जब रिक्शा आगे बढ़ गया, कन्याओं की अनुशासित पंक्ति भी आगे चली गई, तो फिर मैंने महेंद्र जी से कहा- "आपकी इच्छा पूरी हो गई? आपने छात्राओं को देख लिया?" उन्होंने कहा- "जी भाई साहब! मैंने उनको अच्छी तरह से देखा। उनके दर्शन किए और उन्हें अपने हृदय में बसा लिया।" मैंने कहा- "बहुत अच्छा। क्या अनुभव रहा?" तो महेंद्र जी ने कहा- " भाई साहब ! आज मैं धन्य हो गया। इतनी बड़ी संख्या में सरस्वती माताओं का समूह में दर्शन करना सौभाग्य की बात है। मेरा जीवन धन्य हो गया।" महेंद्र जी की भाव-भावना, अनुभूति और शब्दों से मैं भी बहुत गदगद था। मैंने उनकी पीठ पर हाथ रखकर कहा-आचार्य जी! आप निश्चय ही अच्छी

भाव-भावना वाले सज्जन, सौम्य स्वभाव के धनी, व्यक्ति हैं। आपको मैं बधाई देता हूं और आपको नमन भी करता हूं। युवाओं की दृष्टि कैसी होनी चाहिए। यह सीख आपसे सीखी जा सकती है। आपकी वाणी और व्यवहार से परिलक्षित हो रहा है है कि आप नेक परिवार और नेक परिवेश में रहने वाले व्यक्ति हैं। उन्होंने कहा भाई साहब मैं संघ का स्वयंसेवक हूं। यह मेरा सौभाग्य है कि मैं सरस्वती शिशु मंदिर में आचार्य भी हूं। श्री महेंद्र जी की बात से मैं बहुत सहमत था।

मुझे कहते हुए हर्ष हो रहा है कि विशुद्ध स्वयंसेवक के गुण और सम्यक दृष्टि नियमित संघ की शाखा और आचार्यत्व नियमित प्राणायाम, ध्यान, सरस्वती वंदना शुद्ध आहार-विहार, स्वाध्याय और सत्संग से आता है । इन्हीं से वाणी, व्यवहार स्वतः नियंत्रित होता है। महेन्द्र सिंह जी आज भी नियमित शाखा जाते हैं। वन्दना में भी स्थूल व सूक्ष्म शरीर से भाग लेते हैं। परिवार, विद्यालय, परिवेश में जैसी दृष्टि मिलती वैसी ही सृष्टि दिखती है।....

30

अम्मा की सीख जब काम आई...

राजकीय चिकित्सालय बुलंदशहर में एक शिशु ने सहज जन्म लिया। प्रसूता के निकट दो महिलाओं को छोड़कर शेष दादी मां की गोद में लेटे हुए बच्चे के पास हँसी-ठिठोली कर रहीं थीं। एक-एक करके सभी महिलाओं ने बच्चे को अपनी गोद में लेकर दुलराया और उसके सिर पर ममता का हाथ फिराया। मैं उनके प्यार और आत्मीयता से बहुत ही अभिभूत था। एक महिला ने हंसते हुए कहा- "आचार्य जी! आप तो इतने सुंदर नहीं लग रहे। बच्चा इतना सुंदर कहां से आया, क्या चक्कर है? तभी दूसरी महिला बोली- "अरे! इन्हें बेचारे को क्या पता। यह तो बच्चे की मां से पूछो।" तीसरी महिला ने कहा- "बहिना! यह मजाक का समय नहीं है। आचार्य जी को परेशान मत करो। जच्चा ने ही जब नौ महीने के अंदर काली उड़द की दाल, काले अंगूर और काले बैगन खाए होंगे, तो उसका असर तो आएगा ही। यह सब बातें हो रही थीं, तभी मेरे मित्र श्री के. डी. शर्मा जी जो उसी अस्पताल में वरिष्ठ फार्मासिस्ट थे, थरमस में चाय लेकर आए। चाय रखकर शर्मा जी शीघ्र ही अपने ऑफिस में चले गए।

उधर शर्मा जी का जाना हुआ इधर बच्चे ने बहुत तेज आवाज में ऊं हां ! ऊं हां !! ऊं हां!!! करके रोना शुरू किया। दादी मां ने चुपाया , महिलाओं ने भी चुपाया परंतु बच्चा चुप नहीं हुआ। सारे वार्ड में और महिलाएं भी हैरान थीं कि बच्चे को कोई चुप नहीं कर पा रहा । सब कह रही थीं कि पता नहीं कुछ हो गया है ,ऊपर का कोई चक्कर तो नहीं है! तो फिर मेरी अम्मा कहने लगी "क्या करूं? समझ में नहीं आ रहा। मैं तो ऊपर वाले से प्रार्थना कर रही हूं कि कोई गलती हुई हो तो माफ कर

दे। मेरे नाती को क्यों परेशान कर रहे ?" फिर मैंने सभी से आग्रह किया कि अगर आप कहें तो मैं बच्चे को अपनी गोद में ले लूं ? सब ने कहा हां हां क्यों नहीं। मैंने नवागंतुक को गोद में लिया और एकांत में ले गया। थोड़ी ही देर में बच्चा चुप हो गया था। जब बच्चा चुप हो गया तो मैंने अपनी अम्मा की गोद में उसे लिटा दिया। देखते ही देखते बच्चा कुछ ही देर में सो गया। अब तो सभी महिलाएं अचंभित थीं। वे मेरी ओर देख कर बोली- आपने क्या जादू कर दिया? बच्चा चुप हो गया और हमारे सब के प्रयास से चुप नहीं हुआ। मैंने कहा पहले आप सभी चाय पीजिए फिर बताता हूं। सभी ने साथ-साथ चाय पी। चाय पर चर्चा करते हुए मैंने कहा-बहिनों! मैं इस बच्चे का भले ही पिता हूं, परंतु मेरे अंदर कुछ माता के भी गुण हैं। यह मेरी अम्मा हैं। इन्होंने कभी महिलाओं के बीच चर्चा करते हुए कहा था कि जब नवजात बच्चा रो रहा हो। चुपाने पर भी चुप न हो रहा हो तो फिर गुड़ को अंगूठे और तर्जनी के बीच में रखकर उसे दबाकर गोल-गोल पतला कर दीजिए और बच्चे की तालु पर लगा दीजिए, तो बच्चा उसे चूसने लगेगा। इससे उसकी भूख शांत हो जायेगी और बच्चा चुप हो जाएगा। मैंने भी यही किया है। बच्चे की तालू में थोड़ा गुड़ लगा दिया, इसलिए यह चुप हो गया है। कदाचित यह भूखा था और भूख के कारण ही रो रहा था। यह सुनकर सभी महिलाएं अचंभित थीं। वे कहने लगीं, अरे! हम सब तो बच्चों की मां हैं। हमको यह पता ही नहीं था। आपने तो जादू कर दिया। मेरी आंखें खोल दीं। अब हम भी इस बात का ध्यान रखेंगी।" मेरी मां ने कहा- "आप सब जरूर ध्यान रखिए। बच्चा जब जन्म लेता है तो वह भूखा होता है। उसे न तो ऊपर का दूध पिला सकते और न कोई भी चीज खिला सकते। अगर आप गुड दे देंगी तो गुड़ नुकसान नहीं करता। हां गुण शुद्ध होना चाहिए। इसके बाद बकरी या गाय का दूध दे सकते हैं।"

इस प्रकार हमें अपने बड़ों से हर पल सीखने का स्वभाव बनाना चाहिए। उनका अनुभूत ज्ञान हमारे जीवन में काम आता है। बचपन में कानों सुनी अम्मा की सीख उस दिन चिकित्सालय में मेरे काम आ गई। ...

31

इष्ट और राजा के प्रति भाव

घटना सन् 2000 की है। काठमांडू की यात्रा से लौटने के उपरांत मैं साथियों सहित आगरा वापस आ गया था। एक दिन मैं "हाम्रा राजा हाम्री रानी चिरंजीव रहून" का अत्यंत हृदयस्पर्शी दृश्य का वर्णन मैं अपने परिवार में कर रहा था कि किस प्रकार काठमांडू के एक पार्क में घास की कटिंग में लिखा उक्त वाक्य अपने राजा वीरेंद्र विक्रम सिंह के प्रति असीम सम्मान और प्रेम को प्रकट कर रहा था। वहां का रिक्शा चालक या गार्डनर जैसा सामान्य व्यक्ति भी अपने राजा-रानी पर गर्व और गौरव की अनुभूति कर था । नेपाल का सामान्य जन बहुत सीधा-सादा है, ऐसा अनुभव में आया।

स्वजनों की जिज्ञासा देखकर मैंने आगे कहा कि पशुपतिनाथ मंदिर की देहरी पर भक्त गुहार लगाकर अपने हृदय की बात श्रद्धा-भक्ति और विश्वासपूर्वक व्यक्त करते हैं। पशुपतिनाथ महाराज भी उनकी बात सुनकर उनकी मनोकामना पूर्ण करते हैं, ऐसी वहां मान्यता है। एक अचंभित करने वाली घटना बताता हूं। श्री पशुपतिनाथ मंदिर में एक शिव-भक्त बड़े ही आर्त स्वर में कह रहा था- "हे पशुपति नाथ! मैं तेरी शरण में हूं। तू चाहे तो मुझे खाली हाथ भेज दे और चाहे तो मेरी गोद भर दे। तेरी इच्छा है। जो चाहे सो कर, पर मेरा तो मांगने का अधिकार है, तुझे देना ही पड़ेगा क्योंकि जैसा भी हूं, मैं तेरा ही हूं। मैं चौरासी लाख योनियों में भटकता हुआ यहां तक आ पाया हूं। हे पशुपति नाथ! ये नर तन तूने ही दिया है। अब तुझे ही पार लगाना होगा। तारो हे नाथ! तारो" वह इतना कहकर भगवान के सामने दंडवत की स्थिति में लेट गया।

"मोरे मन अस यह विश्वासा, राम ते अधिक राम कर दासा" इस भाव से मैं उस भक्त की ओर टकटकी लगाकर देख रहा था, निहार रहा था और उसके भक्ति-रस को पी रहा था। धर्मपत्नी ने पूछा- "फिर? "मैंने कहा कि तभी मेरे मित्र श्री शैलेंद्र कुमार द्विवेदी जी ने मेरे कंधे पर हाथ रख कर कहा- " चलो अब आगे बढ़ते हैं। " मैं उनके साथ चल दिया। पशुपतिनाथ मंदिर से थोड़ी ही दूर चल पाया था कि एक बहुत बड़े मठ का परिसर दिखाई दिया। भगवान बुद्ध की विराट प्रतिमा सहज ही अपनी ओर आकर्षित कर रही थी। श्री शैलेंद्र कुमार जी द्विवेदी और श्री मुरारी लाल जी गोयल किरावली (आगरा) वाले सभी ने भगवान बुद्ध को नमन किया और उनका विराट स्तूप देखा तो आंखें फटी की फटी रह गईं। स्वच्छता, रखरखाव और व्यवस्थाएं बहुत उत्तम थीं। निश्चय ही सभी को आत्मिक शांति का अनुभव हुआ। मन में बार-बार विचार उठ रहा था कि वास्तव में इस जगत में उसी की पूजा होती है जो सत्य के मार्ग पर चलता है। भगवान बुद्ध ने सब कुछ खोकर सत्य का मार्ग खोजा। वे धन्य हैं। भगवान बुद्ध के दर्शन के बाद हम लोग बाजार में गए। एक पुस्तक भंडार से नेपाली भाषा में काव्य संग्रह खरीदा। तभी बेटा बोला- "और क्या खरीदा?" मैंने सोल्जर बैग से रुद्राक्ष की माला निकाली और उसके गले में पहना कर कहा- "यह माला भी वहीं से खरीद कर लाया हूं। यह रुद्राक्ष की है। इसको पहनने से अनेक प्रकार की नकारात्मक ऊर्जा से बचा जा सकता है।" परंतु बच्चा तो बच्चा है उसने फिर कहा कि कुछ खाने के लिए भी लाए हो क्या? मैंने कहा हां, हां। फिर मैंने एक डिब्बा खोला। उसमें से गोल गट्टे निकाल कर बच्चे को देकर कहा कि यह देखो कन्नौज के गट्टे हैं। खाकर देखो। बहुत स्वादिष्ट हैं। मुझे बहुत अच्छा लगा कि बच्चे ने उसमें से एक गट्टा पहले अपनी मां को और एक मुझे दिया फिर उसने खाना प्रारंभ किया। उसके मुख से आवाज़ आई, वाह! गट्टे कन्नौज के। बहुत अच्छे हैं। धर्मपत्नी ने पूछा इधर से यात्रा कैसी रही? मैंने कहा- "आगरा से गोरखपुर ट्रेन से यात्रा की। गोरखपुर से सोनाली होते हुए हम लोग बस द्वारा काठमांडू पहुंचे थे। रात्रि में कुछ भी नहीं देख सका, क्योंकि संभव नहीं था। नींद भी आ रही थी। सुबह ही काठमांडू पहुंच गए थे। उगते हुए सूरज को देखा तो बहुत ही आनंद आया। ऐसा लग रहा था की मानो सूर्य जमीन में से निकल रहा है। सूर्योदय का दृश्य बहुत ही अचंभित और आनंदित करने वाला था। लौटते समय देखा कि काठमांडू की यात्रा बहुत कठिन है। गाड़ियों के चालक धन्य हैं। वे गाड़ी चलाते समय अखंड सावधान रहते हैं। उनकी कार्य कुशलता स्मरणीय और स्तुत्य है। संपूर्ण यात्रा में श्री मुरारी लाल जी गोयल और श्री शैलेंद्र जी द्विवेदी का आत्मीय व्यवहार व सहयोग स्मरणीय रहेगा।

32
क्या ईश्वर है ??????

संस्कृति बोध परियोजना की अखिल भारतीय कार्यशाला कुरुक्षेत्र स्थित विद्या भारती अखिल भारतीय संस्कृति शिक्षा संस्थान में आयोजित की गई थी । उसमें ब्रज प्रांत से श्री ब्रज जीवन गोस्वामी, श्री रमाशंकर जी, पश्चिम प्रांत से श्री कमल कुमार शर्मा, नेत्रपाल सिंह यादव आदि सहित सभी प्रदेशों के प्रतिनिधि उपस्थित थे।

कार्यशाला समाप्ति के पश्चात हम लोग ब्रह्मसरोवर में स्नान के लिए सामूहिक रुप से गए। कार्यशाला नवंबर और दिसंबर में प्रति वर्ष होती थी, इन दिनों बहुत असहनीय ठंड रहती ही है यह सबको पता है। सभी लोग ठिठुरते हुए ब्रह्मसरोवर में स्नान कर रहे थे। डुबकी भी लगा रहे थे। मैं सरोवर की सीढ़ियों पर खड़ा-खड़ा यह सब देख रहा था। अपार सर्दी में हिम्मत नहीं जुटा पा रहा था कि मैं भी ब्रह्म सरोवर में गोते लगाकर कुछ पुण्य प्राप्त करूं।

स्नान करने के बाद ब्रह्म सरोवर से निकलकर सीढ़ियों पर श्री ब्रज जीवन जी गोस्वामी ने कहा- "लाला! तुम भी लगा लो एक डुवकी।" मैंने कहा- "भाई साहब! **दरस परसमंजन अरु नाना, त्रिविध ताप भव रोगनसाना,** ऐसा कहा गया है। इसलिए मैं तो दर्शन करके ही पुण्य प्राप्त कर लूंगा। बहुत सर्दी है। बीमार हो गया तो बहुत समस्या होगी। उन्होंने कहा कि कुरुक्षेत्र में तो अर्जुन ने भी नकारात्मक भाव त्याग कर वीरता का परिचय दिया था फिर तुम ऐसा क्यों सोच रहे , यह विचारणीय है। यह भी सोचो कि स्नान करने से आत्मिक बल प्राप्त होगा। एक नवीन ऊर्जा एवं चेतना प्राप्त होगी। यह सुनकर मैंने साहस जुटाकर शीघ्र ही कपड़े उतारे। ब्रह्म सरोवर के पवित्र जल का स्पर्श किया उसे श्रद्धापूर्वक माथे से लगाया और जल में उतर गया। फिर एक नहीं, दो नहीं आठ दस डुबकी लगाई। स्नान

पूर्ण हुआ। भगवान सूर्य नारायण को अर्घ दिया। आचमन किया। बहुत अवर्णनीय आनंद का अनुभव हुआ। स्नान करने के पश्चात हम सभी सरोवर में स्थित शिव मंदिर में गए।

श्री शिव जी के दर्शन करके संस्कृति शिक्षा संस्थान में श्री लज्जा राम जी तोमर, श्री ब्रह्मदेव शर्मा (भाई जी), श्री रावल जी, श्री हिम्मत सिंह जी सिन्हा, श्री रामेन्द्र सिंह जी आदि अधिकारीवर्ग के साथ भोजन किया। भोजन के उपरान्त फिर वहां से हम लोग दिल्ली के लिए निर्धारित ट्रेन के माध्यम से चल दिए। हमारे साथ श्री शिवभूषण जी त्रिपाठी लखनऊ के वरिष्ठ अधिकारी भी थे। रास्ते में उनसे सार्थक साहित्यिक चर्चा होती रही। कुछ घंटों बाद गाड़ी नई दिल्ली स्टेशन पर पहुंच गई। गाड़ी से उतरकर फिर वहां से आश्रम पर पहुंचे। बहुत अधिक भीड़ थी। आश्रम पर सड़कों को पार करना टेढ़ी खीर थी। पल-पल पर वाहनों का आना-जाना लगा हुआ था। मैं श्री ब्रज जीवन गोस्वामी के दाएं चल रहा था। मैंने उनसे कहा- "भाई साहब! लोग कहते हैं कि ईश्वर सब जगह है। आज तक मैंने तो ईश्वर को देखा नहीं। पता नहीं यह सब को क्यों भ्रम है कि ईश्वर है।" मेरे प्रश्न का उत्तर वह दे पाते तब तक बहुत तेजी से एक यात्री बस आकर झटके से रूकी। ब्रेक की आवाज सुनकर हमारा ध्यान उधर गया। देखा तो दाहिनी ओर बस खड़ी थी। श्री ब्रज जीवन जी गोस्वामी ने मेरा हाथ पकड़ा और तेजी से अपनी और झटका मारते हुए खींच लिया। मैं पागल की तरह खड़ा था। बहुत भयभीत था।

गाड़ी तो एक पल में ही चली गई पर मैं सहमा-सहमा खड़ा था । बहुत ही बुरी तरह से डर भी गया था कि पता नहीं क्या हो जाता। श्री बृज जीवन जी गोस्वामी ने कहा- "लाला ! तुम कह रहे थे कि ईश्वर नहीं है। शायद अब आभास हो गया होगा कि ईश्वर है। इस गाड़ी का सारथी साक्षात ईश्वर का ही रूप था। यदि उसकी कृपा न होती तो आज हम दोनों ही राम प्यारे हो गए होते। आज ईश्वर चतुर्भुज रूप में या बंसी बजाते हुए कभी किसी के सामने नहीं आएंगे परंतु वह किसी न किसी रूप में हमारे साथ हर पल रहते हैं लेकिन हमें उसका आभास नहीं है। यह व्यक्ति के स्वभाव और उसके संस्कारों पर निर्भर है कि वह ईश्वर का अनुभव कर सके। आपको यह नहीं पता कि जो संपूर्ण संसार को संचालित करने वाला है, उसका रक्षण-पोषण करने वाला है, उसके लिए आप कहते हैं कि वह नहीं है। "**जो चराता है वन-वन में गौवेंकैसेकह दूं कि ग्वाला नहीं है...**। शायद अब आंखें खुल गई होंगी। तो अब बोलो जय श्री कृष्णा। राधे-राधे।" मैंने कहा- "जय श्री कृष्णा। राधे-राधे।" मैंने श्री ब्रज जीवन जी गोस्वामी के चरण छुए। उन्होंने मुझे अपने गले लगा लिया। उस दिन मुझे नया जीवन मिला था। आज भी मुझे जब-जब वह घटना याद

आती है तो मुझे ध्यान में आता है कि **ईश्वर अनेक रूपों में हर पल हर व्यक्ति के साथ रहता है लेकिन वह अज्ञान और अहंकार के कारण उसे भूल जाता है।** चलते चलते थोड़ी ही देर में रिंग रोड स्थित त्रेहन सरस्वती बाल मन्दिर आ गया था। हम लोग प्रज्ञा सदन में पहुंच गए और वहां विश्राम किया। प्रातः श्री मथुरा धाम आ गए परंतु अभी भी मनुआं उस घटना स्थल पर पहुंच जाता और पूछता रहता कि ईश्वर है????...

33

कर्त्तव्य पालन है धर्म

1970 के दशक की बात है। मैनपुरी जनपद में किशनी थाना के अंतर्गत शमशेर गंज कस्बा में संचालित विजय क्लीनिक के वैद्य श्री आसाराम त्रिपाठी आयुर्वेदाचार्य एक बच्चे के पैर का ऑपरेशन करने वाले थे। मैं उस बच्चे के पैर पकड़े हुए था, जिससे वह उछल कूद न कर सके। बच्चे के पिता ने भी उसके दोनों हाथ पकड़े हुए थे। वैद्य जी ने बच्चे के फोड़े का ऑपरेशन शुरू किया, तो फोड़े के अंदर से मवाद की धार बह निकली। फोड़े के अन्दर बहुत बड़ी गांठ थी, जिसे निकालना बहुत आवश्यक था। डॉक्टर साहब ने अपने दोनों हाथों के अंगूठे से दबा-दबा कर सारा मवाद और गांठ निकाल दी। वैद्य जी जब गांठ निकालने की कोशिश कर रहे थे तब बच्चा बहुत तेजी से दहाड़ मार कर रो रहा था। असहनीय दर्द था। यद्यपि ऑपरेशन से पहले फोड़े को सुन्न कर दिया गया था। बच्चे ने वैद्य जी को मां बहिन तक की अनेक गालियां दीं। वह कह रहा था- "डाक्टर! यदि मैं अंधा न होता तो तुझे बताता। तूने तो मेरे पिरान ही पी लिए। तूने मुझे अंधा बच्चा समझ कर सताया है। बड़े होकर तेरे हाथ-पैर न तोड़ दूं तो असली बाप का नहीं।" वैद्य जी हंसते-हंसते बच्चे की ड्रेसिंग कर रहे थे। उसे धैर्य भी बंधा रहे थे। समझा भी रहे थे। बच्चे के पिता भी उसे बहुत डांट रहे थे।

ड्रेसिंग के बाद वैद्य जी ने साबुन से अपने हाथ साफ किए और जाकर अपनी कुर्सी पर बैठ गए। मैं भी अपने हाथ साफ करके उनके पास आकर खड़ा हो गया। उन्होंने मुझे पर्चा दिया और कहा कि यह दवाइयां पीस कर पुड़ियां बना दो। मैंने खरल में डालकर कुछ दवाइयां पीसकर पुड़िया बना दी और डॉक्टर साहब को दे दीं। वैद्य जी ने मरीज के पिता को दवा समझा दी कि कैसे कैसे इनको खिलाना है। घर जाते समय बच्चे के पिता ने वैद्य जी के पैर छूकर क्षमा मांगते हुए कहा- वैद्य

जी ! आज तो बहुत अनर्थ हो गया । आपका यहां बहुत ही आदर और सम्मान है। लोग आप को भगवान की तरह मानकर इज्जत देते हैं , परंतु हमारे नालायक बेटे ने आपको बहुत गालियां दीं। इसने आपका बहुत अपमान किया इसलिए मैं बहुत शर्मिंदा हूं। मैं बहुत अभागा हूं कि मेरे मेरे इस बच्चे ने आपको बहुत गालियां दी हैं।" वैद्य जी ने कहा- "**नहीं। नहीं। ऐसा मत सोचो। गालियां देने का उसका कोई उद्देश्य नहीं था। वह हमें गाली आखिर क्यों देता? उसके दर्द बहुत ज्यादा हो रहा था, तो उसने विवश होकर गाली दीं। गाली देने के अतिरिक्त वह और कुछ नहीं कर सकता था। मैंने तो अपना कर्तव्य निभाया। कर्तव्य पालन ही सच्चा धर्म है।**" फिर पिता के कहने पर बच्चे ने भी वैद्य जी के पैर छुए और दोनों अपने घर चले गए। हर दिन ड्रेसिंग होती रही और लगभग पंद्रह दिन में बच्चे का घाव भर गया था। अंतिम ड्रेसिंग के दिन वैद्य जी ने मरीज के पीठ पर जब प्यार से हाथ फेरा तो सहज ही उसकी आंखों से आंसू टपक रहे थे। मरीज ने हाथ जोड़ कर कहा- "साब! मेरी आंखों में रोशनी नहीं पर पानी तो है। मुझे माफ कर देना।"

मुझे जब-जब इस प्रसंग की याद आती है तो मैं सोचता हूं कि हमारा समाज भी उस बच्चे की भांति कदाचित बीमार है। बीमार होने के कारण वह व्यवस्था पर उंगली उठाता है। गालियां भी देता है। इसलिए वास्तव में जिन पर बड़ी जिम्मेदारी है, जो समाज को बदलना चाहते हैं। समाज में एक सम्यक क्रांति लाना चाहते हैं, उनको धैर्य पूर्वक यह सब सुनना पड़ेगा। वैद्य जी यदि गालियों से विचलित हो जाते और बुरा मानते, तो मरीज का हित नहीं होता। ...

34

नैतिक सप्ताह कितना परिणामकारी ???

शिशु शिक्षा समिति ब्रज प्रदेश के तत्त्वावधान में "प्रांतीय प्रधानाचार्य सम्मेलन" पीलीभीत स्थित अशोकनगर में था। दूसरे दिन वंदना सत्र में धर्म समाज महाविद्यालय अलीगढ़ के शिक्षक शिक्षा संकाय के विभागाध्यक्ष डॉ . के. डी. शर्मा शिक्षा में नैतिक मूल्यों की उपादेयता विषय पर संबोधित कर रहे थे। वह उक्त समिति के अध्यक्ष भी थे। वंदना सत्र का स्वरूप एवं वातावरण बहुत ही नयनाभिराम था। सभी प्रधानाचार्य श्वेत कुर्ता और धोती पहने हुए थे। स्वयं डॉ. के. डी. शर्मा भी श्वेत कुर्ता-पाजामा पहने हुए थे। मंच के दाईं ओर मां सरस्वती, ओम् एवं भारत माता के चित्रों के समक्ष ज्ञान दीप स्वर्णिम रश्मियां बिखेर रहा था। सुगंधित वातावरण अलौकिक आनंद पैदा कर रहा था। श्री के. डी. शर्मा अपने संबोधन में शिक्षा में नैतिकता और व्यवस्था संबंधी अनेक बिंदुओं पर सहजरूप से सरल एवं बोधगम्य शैली में प्रकाश डाल रहे थे। सभी कुछ आत्मसात हो रहा था। होता भी क्यों न? उनके व्यक्तित्व में ही विशेष चुंबकीय प्रभाव था। वाणी भी माधुर्य से ओत-प्रोत थी। एक आसन पर बैठकर सभी प्रतिभागी एकाग्र होकर उनकी वाणी सुन रहे थे। ऐसा लग रहा था मानो नैमीशारण्य देह धारण कर स्वयं प्रकट हो गया हो। लगभग आधा घंटा बीत गया। सहसा उन्होंने समाज जीवन में समय-समय पर होने वाले अभियानों पर सभी का ध्यान आकर्षित किया।

श्री के. डी.शर्मा कहा कि एक बार मैं कहीं सेमिनार हेतु जा रहा था। जब मैं रोड वेज बस स्टैंड पर पहुंचा तो मुझे अपनी ओर आता देख कर बस के कंडक्टर ने बहुत ही आदरपूर्वक कहा- "आइए सर! नमस्कार। मोस्ट वेलकम।" उसने मेरा

सूटकेस अपने हाथ में ले लिया और मुझे हाथ पकड़ कर बस में ले गया। सीट को अपने रुमाल से साफ किया और फिर मुझसे कहा- "सर! विराजिए।" मैं उसकी ओर आश्चर्य से निहार रहा था। न जाने क्या बात है! उत्तर प्रदेश की रोडवेज बसों में इस प्रकार का व्यवहार अचंभित करने वाला था। मेरे अंदर आनंद की गंगा बह रही थी। मैं अंदर ही अंदर बहुत प्रसन्न था। बस चलने लगी। थोड़ी देर में वह पूछने लगा कि सर कोई परेशानी तो नहीं? मैंने कहा नहीं नहीं कोई बात नहीं। वह पूरी यात्रा में गंतव्य तक हमारी चिंता करता रहा। मैं अपने गंतव्य पर उतर गया और फिर सेमिनार में चला गया।

शर्मा जी ने आगे बताया कि कंडक्टर के आत्मीय व्यवहार की मेरे मन पर अमिट छाप थी। उस की मधुर वाणी मुझे बार-बार आकर्षित कर रही थी। धीरे-धीरे समय बीत गया। मुझे लगभग छह माह बाद पुन: किसी काम से बाहर जाना था। इसलिए मैं तैयार होकर उसी बस स्टैंड पर पहुंचा। संयोग से मुझे वही कंडक्टर वहां खड़ा हुआ मिला। मैंने ही उसको नमस्कार किया। उसने भी नमस्कार किया। मैंने कहा कि भैया यह बस कानपुर जा रही है? उसने कहा कि बस के सामने लिखा हुआ है पढ़ कर देख लो। मैंने पढ़ कर देखा तो अलीगढ़-कानपुर का पट गाड़ी में लगा था। मुझे खुशी हुई कि गाड़ी ठीक है। मैंने कहा कि भैया कानपुर का पट लगा है। कानपुर ही जा रही है? वह बोला कि जब पट लगा है तो कानपुर ही जाएगी। तुम्हें क्या लगता है,मेरे घर जायेगी? जाओ अंदर बैठो। मैं बस में जाकर सीट पर बैठ गया। थोड़ी देर बाद कंडक्टर आया और सीटी बजाकर चलने का संकेत किया। ड्राइवर ने गाड़ी चलाना प्रारंभ किया। मैंने अपनी ओर से ही टिकट मांगी। वह बोला अरे रुक जाओ। तुम्हें बहुत जल्दी है!! दूर की टिकट बाद में काटूंगा। अब मैं बहुत हैरान था। सोच रहा था कि यह कंडक्टर तो वही है इसका व्यवहार कैसे बदल गया है? आज यह अलग तरह से बात क्यों कर रहा है? मैंने उससे पूछा कि भैया, क्या बात है पहले तो आपने हमारा सूटकेस अपने हाथ में लेकर मोस्ट वेलकम कहकर स्वागत किया था। अपने ही रुमाल से सीट साफ करके मुझे बिठाया था। सभी सबारी आपके व्यवहार से अति प्रसन्न थीं। परंतु आज तो आप आप जैसे दिखाई नहीं दे रहे!!! आज क्या घर से झगड़ कर आए हो? उसने कहा अरे मुझे अपना काम करने दो मैं टिकट बनाऊं या तुमसे बातें करता रहूं? मैंने कहा कि बस एक बात बता दो। जब मैं छह माह पहले आया था तब तो तुम बड़ी विनम्रता से बातें कर रहे थे। वह बोला, अरे, अरे ! अब समझ में आ गया। उस समय तो रोड वेज का "नैतिक-सप्ताह" चल रहा था। इतना सुनकर पूरा सभागार प्रतिभागियों के अट्टहास से गूंज उठा। श्री के. डी. शर्मा ने अपने उदबोधन में आगे कहा- बंधुओं! कोई भी बड़ा

कार्य अभियानों से नहीं सतत व्यवहार से पूरा होता है और वही समाज जीवन में प्रभावी होता। इसलिए नैतिकता हम सभी के आचरण में स्वभावगत होनी चाहिए। सप्ताह, पक्ष, माह आदि चलाकर भूल जाने से नैतिकता न हमारे अन्दर आयेगी और न समाज में। ....

35

अति रंजनापूर्ण अभिनय से बचें

महर्षि वाल्मीकि जयंती का दिन था। मन में प्रातः काल ही विचार आया कि विद्यालय में बच्चों के समक्ष शिशु सभा में कोई जीवंत कार्यक्रम प्रस्तुत किया जाए, जिससे महर्षि वाल्मीकि जी के जीवन चरित्र का निरूपण हो सके। श्री श्याम प्रकाश पांडे आचार्य (सम्प्रति-प्रधानाचार्य, परमेश्वरी देवी धानुका सरस्वती विद्या मंदिर वृंदावन मथुरा) और श्री महेंद्र सिंह यादव कार्यालय प्रमुख (सम्प्रति-प्रधानाचार्य, सरस्वती विद्या मंदिर इंटर कॉलेज) दोनों के साथ भोजन बनाते समय डूंगरमल की धर्मशाला अतरौली (अलीगढ़) में योजना बनी। तैयार होकर तीनों सरस्वती शिशु मंदिर अतरौली पहुंचे। संगीत प्रमुख श्री ओम प्रकाश गिरि आचार्य को सम्पूर्ण योजना की जानकारी दे दी थी।

मध्यावकाश के उपरान्त सभी भैया-बहन आचार्य एवम् कर्मचारी सामूहिक रूप से जयंती मनाने हेतु बैठे। सभी ने सरस्वती वन्दना की। शिशु भारती के मंत्री द्वारा परिचय के बाद उद्घोषक ने महर्षि बाल्मीकि एकांकी प्रस्तुत करने का जैसे ही आग्रह किया वैसे ही एक ओर से दो यात्री एक बालक के साथ मंच पर आए। दूसरी ओर से रत्नाकर डाकू(लेखक) आया। रत्नाकर ने पहले प्रथम यात्री (श्री महेन्द्र सिंह यादव) को पिलर से बाधा। फिर उन पर मुक्का, लाठी, छुरिका से प्रहार करके सारा सामान लूट लिया। वे उस समय बुरी तरह भयभीत होकर कांप रहे थे।फिर रत्नाकर ने दूसरे यात्री (श्री श्याम प्रकाश पाण्डेय) को लूटा उनमें काफी देर तक नियुद्ध होता रहा। दर्शकों की आंखों में आश्चर्य, कौतूहल, उत्सुकता, विस्मय, भय आदि न जाने क्या-क्या और कैसे-कैसे भाव तैर रहे थे। सभी दर्शक मंच की

और टकटकी लगाकर देख रहे थें। तभी दूसरे यात्री का बेटा (बाल कलाकार) भय के कारण भाग कर विद्यालय से बाहर चला गया। गेट पर बैठे कर्मचारी का मंच से ध्यान हटा, तो वह बच्चे को पकड़ने के लिए दौड़ा परंतु असफल होकर लौट आया। उधर एकांकी पूरा हुआ। अवकाश के बाद बच्चे अपने अभिभावकों के साथ चले गए।

अवकाश के बाद सभी आचार्य बच्चे की खोज में अलग-अलग गलियों में निकल पड़े। मैं बहुत चिंतित था। सोच रहा था कि हे प्रभु! ये क्या हुआ? यज्ञ में हाथ जले जा रहे हैं। तभी एक अभिभावक बाल कलाकार को लेकर मेरे कार्यालय में पधारे। वेश को देखकर वे बच्चे को विद्यालय ले आए थे। बोले- "प्रधानाचार्य जी! गेट कीपर को हिदायत दीजिए।वह बच्चों का ध्यान रखा करे। अन्यथा बच्चों के साथ कुछ भी हो सकता है।" मैं धैर्यपूर्वक उनकी सारी बातें कथा की तरह सुन रहा था। मैंने अभिभावक महोदय से चाय का बहुत आग्रह किया। उन्होंने कहा नहीं नहीं। आप कभी घर पधारिए फिर चाय पियेंगे। इतना कहकर वह विदा हो गए। बच्चे को प्यार से समझाकर उसे निर्भय बनाकर कर्मचारी भैया के साथ घर भेज दिया।

चारों ओर खोज का प्रयास करके आचार्य बंधु दो घंटे बाद मेरे कार्यालय में निराशा का भाव लेकर आए। मैंने जब सारी बात उनको बताई तो सभी के चेहरे मोहक मुस्कान से खिल उठे थे। कार्यक्रम की समीक्षा में निष्कर्ष निकला कि महा पुरुषों की जयंती थोड़े समय की तैयारी में भी मनाई जा सकती हैं ।

* कार्यक्रम के समय सुरक्षा व्यवस्था बहुत प्रभावी होनी चाहिए।

* सभी कर्मचारी अपनी ड्यूटी का प्रामाणिकता से पालन करें।

* मंचीय कार्यक्रम में अति रंजनापूर्ण दृश्य यथा-हिंसा, अग्नि कांड, अग्नि के प्रयोग, फांसी आदि न दर्शाए जाएं। इनका मनो-वैज्ञानिक प्रभाव अच्छा नहीं पड़ता। मनो विज्ञान का ध्यान रखा जाना चाहिए।

* कार्यक्रम की सूचना पहले से होनी चाहिए।

समय बीतता गया 1 लगभग 22 वर्ष बाद वही नन्हा कलाकार प्रदीप वार्ष्णेय जब सरस्वती विद्या मंदिर कासिमपुर पावर हाउस में मुझसे मिलने आया तो हम दोनों की प्रसन्नता अवर्णनीय थी।

36

अंतर्मन की व्यथा

सन 2002 में विद्या भारती अखिल भारतीय शिक्षा संस्थान के तत्वावधान में स्वर्ण जयंती के उपलक्ष्य में "अखिल भारतीय पूर्णकालिक कार्यकर्ता सम्मेलन" निराला नगर लखनऊ स्थित विद्या भारती के परिसर में 28 सितम्बर से चल रहा था। सम्मेलन के चौथे दिन 01 अक्टूबर 2002 को वंदना सत्र में तत्कालीन महामहिम राज्यपाल श्री विष्णुकांत शास्त्री ने प्रतिभागियों को संबोधित किया। मंच पर श्री ब्रह्म देव शर्मा "भाई जी", श्री रंगा हरि जी, श्री लज्जाराम जी तोमर एवं श्री देवेन्द्र प्रताप सिंह अध्यक्ष विराजमान थे। सत्र का संचालन श्रीमान प्रकाश चन्द्र जी तत्कालीन अखिल भारतीय सह संगठन मंत्री कर रहे थे। बौद्धिक कार्यक्रम के उपरांत सभी प्रतिभागी पंडाल से जब बाहर निकले तो संपूर्ण परिसर दूधिया आभा से चमक उठा था। सभी प्रतिभागी श्वेत कुर्ता-धोती पहने हुए थे। सबके चेहरों पर बिखरी बौद्धिक की अद्भुत आभा मन मोह रही थी। सकारात्मक वैचारिक चर्चा से सम्पूर्ण परिसर में नवीन उत्साह हिलोरें ले रहा था।

विशाल सभागार के बाहर विविध वस्तुओं की बिक्री हेतु लगे अनेक स्टॉल प्रतिभागियों को अपनी ओर सहज ही खींच रहे थे। एक स्टॉल पर भारतीय शिक्षा शोध संस्थान लखनऊ के पूर्व निदेशक डॉ. सीताराम जी जायसवाल (पूर्व उप शिक्षा निदेशक उत्तर प्रदेश) तथा श्री राज कृपाल जी (हापुड़) आंवला निर्मित लड्डुओं का मोल-भाव कर रहे थे, ऐसी विभूतियों के दर्शन की लालसा से मैं भी उनके निकट खड़ा होकर उन्हें अपलक निहारने लगा। वे दुकानदार से पूछ रहे थे कि भैया इस डिब्बे में कितने लड्डू हैं ? यह कब बनाए थे ? कितने दिन तक यह खाने योग्य बने रहेंगे? इन का क्या मूल्य है? मैं यह देखकर और सुनकर अचंभित था कि इतनी बड़ी विभूतियां और कितनी देर से मोल-भाव करके वस्तुएं खरीद रही हैं !! मुझे

भी ऐसा करने की उनसे सीख मिली। उन्होंने एक-एक किलोग्राम का पैकेट खरीद लिया। मैं अकिंचन था। मैंने भी आंवला कैंडी का छोटा-सा पैक खरीद लिया।

डॉक्टर सीताराम जी जायसवाल ने श्री राज कृपाल जी से अपने मन की बात बड़े ही धीमे से कही कि कोई सुन न ले। उन्होंने पूछा कि आपके पास तो इस सम्मेलन का आमंत्रण पत्र गया होगा। मैं तो सभी के दर्शन की लालशा से आमंत्रण के बिना ही चला आया। राज कृपाल जी ने कहा- "भाई साहब ! आमंत्रण पत्र तो मेरे पास भी नहीं गया और मैं भी इसी उद्देश्य से चला आया कि संगम तट पर डुबकी लगाने से, दर्शन करने से कुछ पुण्य तो प्राप्त होगा ही। डॉ. सीताराम जी ने कहा- "मेरा मानना है कि जब तक कार्यकर्ता अपनी ओर से कार्यक्रमों में आने की असमर्थता व्यक्त न कर दें, तब तक उनके पास हर कार्यक्रम का आमंत्रण पत्र जाना ही चाहिए। इससे कार्यकर्ता का मन ठीक रहेगा और वह स्वस्थ भी रहेगा। संगठन या संस्थान की रीति-नीति भी यही है।" दोनों ही कुछ और कहना चाहते थे, पर वे जानते थे कि दीवारों के भी कान होते हैं। उन्होंने दुकानदार को पैसे दिए और अपनी छड़ी के सहारे गंतव्य के लिए चले गए।...

37

टोकना भी है हितकारी

सन् 2015 में भारतीय शिक्षा समिति ब्रज प्रदेश में एक नया प्रयोग किया गया। प्रदेश निरीक्षक श्री सुरेश पाल सिंह जादौन की सेवानिवृत्ति के बाद किसी नवीन व्यक्ति को प्रदेश निरीक्षक के पद पर नियुक्त नहीं किया गया। श्री होडिल सिंह प्रधानाचार्य-सरस्वती विद्या मंदिर इंटर कॉलेज सिकंदराराऊ श्री योगेश कुमार गुप्ता क्षेत्रीय वैदिक गणित प्रमुख बरेली, श्री अरुण कुमार श्रीवास्तव अवकाश प्राप्त प्रधानाचार्य सरस्वती विद्या मंदिर ब्रज लोक बरेली और मुझे तत्कालीन प्रधानाचार्य सरस्वती विद्या मंदिर इंटर कॉलेज जतीपुरा (मथुरा) को ही जिला प्रभारी का अतिरिक्त दायित्व दिया गया था। सभी को तीन या चार जिलों का शैक्षिक, आर्थिक, सामाजिक और सांस्कृतिक दृष्टि से नेतृत्व करना था। यह व्यवस्था सुचारू रूप से 3 वर्ष तक चली।

एक दिन माधव कुंज मथुरा स्थित कार्यालय पर श्री राम सिंह जी शैक्षिक प्रमुख एवं पूर्व प्रदेश निरीक्षक के साथ विद्यालयों के सर्वांगीण विकास में प्रधानाचार्य की भूमिका विषय के साथ-साथ कुछ अन्य विषयों यथा-शैक्षिक तकनीकी, शिक्षा और संस्कार, शैक्षिक उन्नयन जैसे अन्य विषयों पर भी गंभीर चर्चा हो रही थी। लगभग दो घटे कब बीत गए पता भी नहीं चला, तभी एक कर्मचारी भैया श्री रघुवीर हम सभी को जल पिलाने आए। एक गिलास जल पीने के बाद मैं अचानक लघु शंका के लिए उठा। श्री राम सिंह जी से मैंने कहा कि मैं अभी लघु शंका से निवृत्त होकर आ रहा हूं। उन्होंने बड़ी तत्परता से मेरा बायां हाथ पकड़ कर खींचा और बैठने के लिए कहा। "बैठ जाओ नहीं जाना है।" यह सुनकर मैं अचंभित था। मैंने कहा "भाई साहब! काफी देर से हम लोग बैठे हैं । लघु शंका के लिए भी अनुमति लेनी पड़ेगी ?"

वे फिर बोले कि मैं कह रहा हूं बैठ जाओ। मैं बैठ गया। वे मेरी ओर देखकर बोले कि क्या बात है , परेशान हो रहे हो? मैंने कहा- "नहीं। अधिकारी की आज्ञा तो आज्ञा है। मैंने तो आपसे अनुमति मांगी थी परंतु आपने नहीं दी। उन्होंने कहा- "नहीं। ऐसा नहीं है। अधिकारी भाव से मैंने ऐसा कुछ नहीं कहा। आप मेरे मित्र है। मेरे छोटे भाई के समान हैं , इसलिए मैंने आपको टोका और रोका है। आपको मैं यह बताना चाहता हूं कि जल पीकर कभी भी तुरंत लघु नहीं करनी चाहिए । ऐसा करने से मूत्र संबंधी बीमारियां पैदा हो जाती हैं। फिर थोड़ी देर तक स्वास्थ्य संबंधी कुछ ऐसी ही बातों पर चर्चा होती रही । उन्होंने कहा कि दूध खड़े होकर और जल बैठकर पीना चाहिए। भोजन के बाद और स्नान से पहले लघु शंका अवश्य करनी चाहिए। विषम भोजन से भी बचना चाहिए। जैसे खीर के साथ प्याज, नमकीन आदि अतः आज आवश्यकता है कि हम नवीन पीढ़ी को एक आचार्य, प्रधानाचार्य या अधिकारी होने के नाते उन्हें बताएं कि दैनिक जीवन में किन-किन बातों का ध्यान रखा जाए, जिससे स्वास्थ्य ठीक रहे। वास्तव में यही शिक्षा है।

उनकी सीख से मेरे ध्यान में आया कि पढ़ लिख कर जो व्यववहार में शेष रह जाए, वही वास्तव में शिक्षा है। मुझे लगता है कि शिक्षा की यह सबसे अच्छी परिभाषा है। ज्ञान का व्यावहारिक रूप आज नहीं है, इसलिए अनेक समस्याएं समाज-जीवन में दिखाई दे रही हैं। लगभग आधा घंटे बाद उन्होंने बैठक समाप्ति की घोषणा की और हम लोग फिर आवश्यक आवश्यकताओं से निवृत हुए।

दोपहर भोजन के समय जब थाली सामने आई तो श्री राम सिंह जी ने कर्मचारी को उसका हाथ पकड़ कर अपने पास बिठा लिया। उससे पूछा कि थाली में रायता, चटनी सब्जी, रोटी, दाल, चावल किधर और कैसे-कैसे रखनी चाहिए ?" अब हम सब लोग उनकी ओर देख कर सोच रहे थे कि इससे क्या फर्क पड़ेगा? कुछ भी किधर भी रख रखा जा सकता है। बाद में उन्होंने पूछने पर बताया कि रसीली चीजें एवं जल बाईं ओर तथा सूखी चीजें दाईं ओर रखनी। रोटी ठीक सामने रखनी चाहिए। चावल पांच मिनट बाद परोसना ठीक रहता है। भोजन के बाद सौंफ/ इलायची का सेवन करना भी लाभ दायक होता है।

श्रीमद भगवत गीता में कहा गया है-

युक्ताहारविहारस्य युक्तचेष्टस्य कर्मसु।
युक्तस्वप्नावबोधस्य योगो भवति दुःखहा।।6.17।।

दुःखों का नाश करने वाला योग तो यथायोग्य आहार और विहार करने वाले का, कर्मों में यथायोग्य चेष्टा करने वाले का तथा यथायोग्य सोने और जागनेवालेका ही सिद्ध होता है।

इस प्रकार ध्यान में आया कि अनुभवी महानुभावों के टोकने से अनेक अवगुण दूर हो जाते हैं। आज टोकने का माहौल समाप्त सा हो गया है। मुझ पर क्या फर्क पड़ता है ! यह विचार कदाचित ठीक नहीं है। गलत आदतों का प्रभाव सदा ही गलत होता है। इसलिये बालक हो चाहे बालिका, परिवार के हों या पड़ोस के या अन्य किसी के भी हों यदि कोई कोई गलत काम जाने या अनजाने कर रहा है तो वरिष्ठ जनों का कार्य है कि वह टोक-टोककर कमियों को ठीक कराने का प्रयास करें। इससे बहुत सारी समस्याएं ठीक हो सकती हैं। वरिष्ठ होने के नाते सभी का यह दायित्व भी है कि समाज में जो गलत परंपराएं पैदा हो रही हैं या जो परंपराएं , रीति-नीति भारतीय संस्कृति के प्रतिकूल हैं, उन्हें हम ठीक करें।...

38

संघ में लोकतंत्र पढ़ाया नहीं जाता....

आगरा स्थित लाल किला के समीप रामलीला मैदान में राष्ट्रीय स्वयंसेवक संघ के प. पू. सरसंघचालक मधुकर दत्तात्रेय बाला साहब जी देवरस का कार्यक्रम था। लाल किला उस दिन मानो धन्यता की अनुभूति कर फूला नहीं समा रहा था। "नमस्ते सदा वत्सले मातृभूमि" का निश दिन मंत्र जपने वाले हजारों पूर्ण गणवेशधारी स्वयंसेवक चारों ओर से राम लीला मैदान में आ रहे थे। कार्यक्रम के प्रारम्भ से अंत तक स्वयंसेवक दूर दूर से आते रहे। इतना ही नहीं तो उद्‌बोधन होता रहा और स्वयंसेवक बीच-बीच में उठ कर जाते भी रहे। कारण यह भी था कि स्वयंसेवक पूर्णत: नवीन थे। उनमें संघ की रीति-नीति, अनुशासन एवं व्यवस्था की समझ कम होना स्वाभाविक था।आद्‌य सरसंघचालक प्रणाम से लेकर विकिर तक का संपूर्ण कार्यक्रम प्रभावी था परंतु नवीन स्वयंसेवक ...

कार्यक्रम समापन के बाद दायित्ववान कार्यकर्ताओं की एक बैठक हुई ।उस बैठक में संपूर्ण कार्यक्रम की समीक्षा की गई। समीक्षा के समय स्वयं सरसंघचालक जी उपस्थित थे। जब पूछा गया कि स्वयंसेवक उठकर क्यों जा रहे थे ? उत्तर में एक स्वयंसेवक ने कहा कि आपका उद्‌बोधन सुनाई नहीं दे रहा था, किसी ने बताया कि उद्‌बोधन सुनाई तो दे रहा था परंतु समझ में नहीं आ रहा था। एक अन्य स्वयंसेवक ने कहा कि आपका विषय था "संघ की शाखा"। विषय यदि कुछ और होता तो सुना भी जाता। शाखा जैसा कठिन विषय समझ से परे था। इस प्रकार की टिप्पणियां सरसंघचालक जी बड़े ही ध्यान से सुन रहे थे और अन्य कार्यकर्ता उनको लिख भी रहे थे। इसी बीच एक नवीन स्वयंसेवक ने कहा "क्षमा

चाहता हूं। एक प्रश्न है कि संघ में लोकतंत्र क्यों नहीं है ?" तो पूजनीय बालासाहब देवरस जी ने कहा- "**संघ में लोकतंत्र है तभी तो आप सरसंघचालक से प्रश्न कर रहे हैं। यहां लोकतंत्र पढ़ाया नहीं जाता किंतु लोकतंत्र व्यवहार में दिखाई देता है।**" इतना सुनकर स्वयंसेवक ने कदाचित भूल स्वीकार कर सभी को करबद्ध नमन किया और अपने स्थान पर बैठ गया। इस प्रश्नोत्तर से अन्य उपस्थित कार्यकर्त्ता भी अपने को प्रबोधित अनुभव कर रहे थे। बालासाहब देवरस जी इस प्रकार के प्रश्नों का सटीक उत्तर देकर शंका समाधान करने में बहुत कुशल थे। वे अंतर्जातीय विवाह के भी पक्षधर थे। छुआछूत के संबंध में उनका स्पष्ट कहना था- "छुआछूत यदि पाप नहीं दो दुनिया में कुछ भी पाप नहीं।" ऐसे महापुरुष का वैचारिक अनुष्ठान राष्ट्र जीवन के लिए सदा कल्याणकारी रहेगा। ...

लेखक के बारे में....

"डॉ. रामसेवक सुपुत्र स्वर्गीय बनवारी लाल ग्राम-कछपुरा, पोस्ट-शमशेरगंज, जनपद-मैनपुरी उ. प्र. का जन्म 11 सितम्बर 1958 ई. को सुसंस्कृत कृषक परिवार में हुआ। इनके माता-पिता धार्मिक एवं सामाजिक सेवाभावी मनोवृत्ति के दंपति थे। आगरा विश्वविद्यालय से हिंदी विषय में स्नातकोत्तर करने के बाद महर्षि दयानंद सरस्वती विश्वविद्यालय रोहतक से बी. एड. किया। "**डॉ. कुंअर बेचैन के काव्य का शैली वैज्ञानिक विवेचन**" विषय पर चौधरी चरण सिंह विश्वविद्यालय मेरठ से ' विद्यावाचस्पति' (पी- एच.डी.) की उपाधि प्राप्त की।

लेखक ने 'वंदे मातरम राष्ट्रीयता का स्पंदन' नामक पुस्तक 1994 में लिखी जिसकी पच्चीस हजार प्रतियां हाथों-हाथ बिक गई थी। पुष्यमित्र साप्ताहिक में आठ वर्ष समाचार संपादक रहे। अमितोष एवं केशव साधना मासिक पत्रिकाओं का प्रकाशन स्वयं के संसाधनों से किया। सेवा प्रसून हिंदी मासिक का 18 वर्ष तक संपादक टोली में रहकर कार्य किया। आज कल सेवा प्रसून के परामर्शदाता हैं। केशव प्रभा हिंदी त्रि-मासिक के प्रधान संपादक और शिक्षा कायाकल्प द्वि मासिक पत्रिका के वरिष्ठ संपादक हैं । शिशु लोक, आलोक, दर्पण जैसी अनेक गृह पत्रिकाओं का संपादन किया। विद्या भारती प्रदीपिका, शिशु मंदिर संदेश, ब्रज-नंदिनी, शिशुलोक, आलोक में अनेक लेख प्रकाशित। आकाशवाणी मथुरा से वार्ताएं प्रसारित। विद्या भारती से संबद्ध इन्टर कॉलेज के अवकाश प्राप्त प्रधानाचार्य, सम्प्रति-निदेशक सरस्वती विद्या मंदिर ब्रज प्रदेश प्रकाशन, संवाददाता-विद्या भारती ब्रज प्रदेश। अनेक सामाजिक संस्थाओं यथा-सेवा भारती, संस्कार भारती, भारतीय शिक्षण मंडल में सक्रिय भूमिका निर्वहन की। इन्हें अनेक सामाजिक संस्थाओं द्वारा सम्मानित किया गया।

वर्तमान में गोधूलि पुरम वृंदावन (मथुरा) में निवास है ।
"

www.ingramcontent.com/pod-product-compliance
Ingram Content Group UK Ltd.
Pitfield, Milton Keynes, MK11 3LW, UK
UKHW021655190726
13853UKWH00001B/285

9 798886 297218